UNIVERSALE
ECONOMICA
FELTRINELLI / SAGGI

VANNA VANNUCCINI
FRANCESCA PREDAZZI

# Piccolo viaggio nell'anima tedesca

Nuova edizione

Prima edizione in "Serie Bianca" febbraio 2004
Prima edizione nell'"Universale Economica" maggio 2005
Undicesima edizione giugno 2017

Stampa Nuovo Istituto Italiano d'Arti Grafiche - BG

ISBN 978-88-07-88410-8

Piccolo viaggio nell'anima tedesca

# 1.

# Quando i fiumi annegano nell'acqua

> L'uomo vede le cose sostanzialmente, anzi direi esclusivamente, nel modo in cui la lingua gliele propone.
>
> WILHELM VON HUMBOLDT, in *Deutsche Erinnerungsorte*, a cura di Étienne François e Hagen Schulze, C.H. Beck, München 2001

"Non ci posso credere." L'amico tedesco è stupefatto. "Veramente nelle altre lingue non c'è una parola come *Schadenfreude*?" Lo chiede con sincera curiosità, con il tono di chi sembra pensare: "ma come fate?". Eppure il nostro amico è una persona mediamente colta, parla bene l'inglese, non se la cava male con il francese e persino con l'italiano. Ma non si era davvero mai accorto che il tedesco avesse tutte queste parole che altrove non esistono. Pensava piuttosto a una propria carenza nelle lingue straniere.

Gli viene un dubbio. "Non saranno solo i tedeschi così malevoli da gioire dei guai altrui?" No, questo lo possiamo escludere, lo tranquillizziamo. Anche se non abbiamo una parola come *Schadenfreude* per esprimere la "gioia per le disgrazie altrui", il comportamento lo conosciamo bene: è quel sentimento, a metà tra l'invidia e la risata, che ci fa gioire quando le disgrazie capitano agli altri. Quando poi capitano a persone di successo, l'effetto è assicurato.

Passi per la "gioia per i danni altrui," insiste lui, ma sicuramente la *Zweisamkeit* l'avremo inclusa per errore nel nostro libro. Questa parola significa "essere in due", rappresenta la chiusura della coppia rispetto al resto del mondo, insomma è uno degli atteggiamenti più diffusi nel genere umano di ogni tempo e luogo. Come può non esistere nelle altre lingue? Ebbene, non c'è. O meglio c'è tutto quello che per *Zweisamkeit* si intende: l'isolamento della coppia, il dividere e il condividere, l'unicità del rapporto a due. Con Paolo e Francesca non ci mancano neanche illustri esempi letterari. Ma una parola come *Zweisamkeit* non l'abbiamo. Anzi, siamo in buona compagnia, perché nemmeno in inglese, francese o spagnolo esiste questa parola. L'amico tedesco comincia a pensare in modo diverso alla sua lingua...

Quanto a noi che ci avviciniamo al mondo di lingua tedesca, fin dai primi momenti la sua precisione ci sorprende. Mettere un libro su uno scaffale si dice *hinstellen*, metterlo su un tavolo si dice *hinlegen*. Non vorremo certo confondere l'atto di appoggiare un oggetto in verticale con quello di appoggiarlo in orizzontale! Né si può semplicemente "andare" da qualche parte. Troppo facile e troppo impreciso. Andare come? A piedi, in macchina, in treno, in aereo, a cavallo? La lingua tedesca non tollera grossolanità. Non sono solo sottigliezze teoriche. Chi non afferra subito la differenza tra "uscita a piedi" (*Ausgang*) e "uscita in auto" (*Ausfahrt*) può trovarsi, come una signora di nostra conoscenza, con l'automobile sull'orlo di una rampa di scale. Ogni cosa ha il suo posto e ogni posto ha la sua cosa: questa massima ha trovato la sua realizzazione nella lingua tedesca.

*Deutsche Sprache, schwere Sprache*, lingua tedesca, lingua difficile, dicono loro ai neofiti, tanto per consolarli. La passione per la nomenclatura si estende anche ai sostantivi, ed ecco il tedesco inventare un'infinità di parole, ognuna per indicare una situazione specifica. Per fare un esempio tra tanti, quante lingue sentono la necessità di coniare una parola per designare la persona che prenderà in affitto la casa in cui abitiamo dopo che noi l'avremo lasciata? Il tedesco ovviamente sì e la chiama *Nachmieter*. Non pochi tedeschi ti presentano la propria compagna non solo come "compagna di vita" (*Lebensgefährtin*) tanto perché nessuno la scambi con una compagna di viaggio o di poker, ma addirittura come *Lebensabschnittgefährtin*, uno scioglilingua che significa "compagna di un pezzo di vita". Perché quello che riserva il futuro non è dato saperlo.

L'accuratezza linguistica si traduce anche in una smodata passione per le norme. I fogli bianchi su cui scriviamo e stampiamo al computer hanno ormai una dimensione standard in tutta Europa, un formato che si chiama A4. Ecco, il nome per intero dei formati della carta A3, A4, A5, ecc. è DIN A3, DIN A4, DIN A5, dove DIN (chi l'avrebbe mai immaginato!) è una sigla tedesca. Si riferisce all'Istituto tedesco per le norme (Deutsches Institut für Normung), l'ente che ha prodotto la bibbia delle direttive europee. Perché l'Europa usa norme tedesche? Da una parte perché hanno un linguaggio inequivocabile, ma soprattutto perché in molti casi nessun altro ha pensato a scriverle.

Quello che spaventa di più chi si avvicina alla lingua tedesca non è solo la precisione. È la sua infinita capacità di astrazione. Il tedesco può essere assemblato come il lego, ma al contrario di altre lingue, per esempio l'inglese, in cui il vocabolo composto risulta più concreto e preciso, il tedesco si assembla in astrazioni di sempre minore concretezza che però proprio per questo hanno grande potere evocativo. Non solo è una lingua che supera qualsiasi altra in fatto di concetti, ma la stessa parola concetto (*Begriff*) viene usata continuamente. "Questo non è un concetto per me," dicono i tedeschi invece che semplicemente "non lo so". Se Manzoni fosse nato in Germania, invece di dire "Carneade, chi era costui?" avrebbe detto: "Carneade *ist mir kein Begriff*", ovvero: "Per me non è un concetto".

L'identità tedesca è fatta e disfatta da parole e la storia delle parole "intraducibili" è in fondo anche la storia della trasformazione della Germania negli ultimi vent'anni. Per nessun altro popolo come per i tedeschi storia e identità hanno subito lacerazioni altrettanto profonde. La Germania si è liberata solo di recente di quegli eccessi di autoritarismo e conformismo che hanno accompagnato la sua storia più a lungo di quella di altri popoli europei.

Obbligatorio cominciare da *Weltanschauung*. Nei libri

e nei giornali stranieri questo termine viene sempre usato nell'originale in quanto la sua traduzione letterale, "visione del mondo", contiene solo una minima parte di ciò che esso esprime.

Dei personaggi che abbiamo conosciuto in vent'anni di frequentazione della Germania come corrispondenti o inviate, Albert Speer, l'architetto di Hitler, ci è sembrato il perfetto rappresentante della *Weltanschauung* che era alla base del nazismo.

"Faceva un cenno di saluto quando gli altri facevano un cenno di saluto, gridava, rideva e batteva le mani quando gli altri gridavano, ridevano e battevano le mani." Così Günter Grass nel *Tamburo di latta* descrive il personaggio di Alfred Matzerath, un *Mitläufer*, "uno che va con la folla". Il *Mitläufer* è un opportunista, un carrierista o semplicemente un debole che imita gli altri. Dopo la guerra, quando gli alleati dettero il via alla "denazificazione" della Germania, i tedeschi fecero a gara per essere definiti dei semplici *Mitläufer*, era come un certificato di semibuona condotta, voleva dire che non erano dei criminali, avevano solo seguito la folla. Il passato nazista – e più recentemente, anche se in modo diverso, quello comunista – sono due fasi della storia di cui la Germania ha dovuto venire a capo. Coniando un'altra parola difficile, *Vergangenheitsbewältigung*, che significa insieme elaborazione del passato e suo superamento, Heinrich Böll, premio Nobel per la letteratura nel 1972, è stato una delle voci più significative della Germania penitente e pacifista che ancora influenza la politica tedesca.

Poco prima della caduta del Muro il capo dello spionaggio dell'Est, Markus Wolf, ci diede un'idea di che cos'era la Germania comunista e dei rapporti tra le "due Germanie". Per una spia a cui per anni avevano dato la caccia i servizi segreti di tutto il mondo una morte serena fu l'ultimo exploit. Mentre Joschka Fischer, uomo simbolo di un modo di pensare verde che dalla Germania ha attecchito in tutto il mondo occidentale, testimonia di come i tedeschi siano diventati sempre più simili al resto dell'Europa, e si siano lasciati alle spalle le "visioni del mondo" per adottare semplicemente di volta in volta uno stile di vita.

Alcune delle "parole intraducibili" da noi citate vengono usate negli ultimi tempi soprattutto in chiave ironica. Come *Nestbeschmutzer*, l'insozzatore del nido: tale per anni era stato considerato dai conservatori tedeschi il cancelliere Willy Brandt dopo il suo inginocchiamento a Varsavia. Altre sono però ancora di largo uso: non sempre i tedeschi rinunciano ad affermare che la loro esperienza è troppo complicata perché gli altri possano capirla fino in fondo. Troverete *Querdenker*, "pensatori laterali", come Hans Magnus Enzensberger, *Quotenfrauen*, "donne in quota", come Angela Merkel, e tipici esemplari di *Rechthaber*, "coloro che hanno sempre ragione", come l'ex ministro della Difesa Rudolf Scharping. A volte sono parole che hanno cambiato la storia. Quanta importanza ebbe per Helmut Kohl l'amicizia tra uomini, la *Männerfreundschaft*? Per lui era un concetto forte che influenzò le sue scelte politiche. L'amicizia franco-tedesca, forza motrice dell'Europa, nacque a Verdun. Sui campi di battaglia dove erano morte decine di migliaia di soldati francesi e tedeschi nella Prima guerra mondiale, Kohl e Mitterrand si presero per mano. Anni dopo, nel Caucaso, nelle terre d'infanzia di Michail Gorbaciov, la sintonia tra due uomini che dopo l'iniziale diffidenza avevano imparato a conoscersi, apprezzarsi e rispettarsi apparve evidente. Noi giornalisti non immaginavamo di essere stati testimoni di qualcosa che fino a pochi giorni prima sembrava impossibile: il via libera dell'Unione Sovietica alla riunificazione della Germania voluta da Kohl. L'intesa era stata raggiunta durante una passeggiata nei boschi. Per i tedeschi *wandern*, camminare, e *Wanderweg*, il sentiero per le gite a piedi, racchiudono più del loro significato letterale.

Venti anni dopo l'unificazione di un popolo rimasto diviso per quattro decenni la generazione nata successivamente alla caduta del Muro è appena diventata maggiorenne. Ma la ex Germania Est e la ex Germania Ovest restano ancora due mondi distinti? Si è trattato di un'unione per interesse, di una *Zweckgemeinschaft*, più che d'un matrimonio d'amore? Ancora un vocabolo della lingua tedesca che torna utile a descrivere avvenimenti pubblici e privati. *Gesamtdeutsch* è il passo successivo, ma il termine che prima indicava un mondo pantedesco ha assunto il significato di "tedesco unito". Il senso di normalità tanto desiderato dai tedeschi ha cominciato a fare capolino. I mondiali di calcio ospitati dalla Germania nel 2006 hanno sdoganato definitivamente la bandiera tedesca, e i ragazzi riuniti sotto i maxischermi di Berlino si sono dipinti di nero-oro-rosso sul viso, come i loro coetanei fanno in tutta Europa e come i loro genitori, nati negli anni sessanta, non si sarebbero mai sognati di fare.

*Feierabend*, il riposo della sera, è quasi una parola magica. Dopo il *Feierabend* c'è il tempo libero, la possibilità di bere una birra (i tedeschi non toccano nemmeno una goccia d'alcol durante il tempo del lavoro) e soprattutto la sfera privata, che è la cosa più importante. Il riposo della sera è sacro (e la parola infatti ha un'origine ecclesiastica, il raccoglimento prima della festa), ma era diventato anche il sinonimo dei vincoli dell'economia. Attenzione però: perfino quando in passato l'economia tedesca ha dato l'impressione di lentezza prima che a sorpresa si capisse che sotto l'apparente immobilità era in corso una fase di preparazione lenta e accurata e che l'azienda Germania risultava sempre più efficiente di quanto tutti si aspettassero. In Germania la realtà è spesso migliore degli umori del paese: nonostante i tagli, ad esempio, il welfare tedesco resta il più generoso del mondo.

Le ragioni della trasformazione della Germania sono in parte dovute all'unificazione: il fatto di avere confini certi rende un popolo più libero anche nello spirito. Il cambiamento è iniziato con l'arrivo al potere della generazione dell'ex cancelliere Schroeder nata nel dopoguerra, formatasi nel '68 e più interessata a godersi il sole della Toscana che a studiare le dottrine e le opere di Bismarck. Le successive elezioni portano alla cancelleria addirittura una donna e per giunta dell'Est, Angela Merkel, una trasformazione della società che solo qualche decennio fa sarebbe stata giudicata pura fantascienza. Del nuovo *Zeitgeist* tedesco fa parte perfino l'ironia. "Lei si aspetta che un tedesco le dica che è contento di essere tedesco?" ci ha detto un giovane diplomatico. I giovani hanno trasformato in battuta scherzosa l'idea che tutti, loro inclusi, detestano i tedeschi. Perfino la pubblicità di una nuova compagnia aerea di proprietà della Lufthansa, per i viaggi a buon mercato, usa uno slogan autoironico: "Finalmente qualcosa di tedesco che non sia né costoso né complicato".

Ma se tante cose stanno cambiando in Germania, a una i tedeschi restano fedeli: all'importanza della parola. Nel mondo degli sms e dell'inquinamento mediatico riconoscere le cose dietro le parole appare sempre più difficile. I tedeschi non hanno perso questa capacità. Non a caso sono il popolo che legge di più in Europa e le fiere del libro sono nate qui. Sarà per via della tradizione romantica, per la quale solo il linguaggio poetico può penetrare a fondo la realtà, ma i tedeschi amano i toni letterari anche nelle situazioni più difficili. Mentre Dresda affogava sotto un'alluvione secolare, più di venti morti e migliaia di senzatetto in pochi giorni, lo "Spiegel", il più importante settimanale tedesco, titolò in copertina: *Quando i fiumi annegano nell'acqua.*

# 2.

## La visione del mondo
## *Weltanschauung*

Non posso diversamente.

LUTERO, in *Deutsche Erinnerungsorte*, cit.

Il dizionario della lingua italiana Devoto-Oli registra la parola *Weltanschauung* in tedesco e la definisce una "concezione del mondo, della vita e della posizione in esso occupata dall'uomo". Il significato della parola in tedesco infatti è molto più ampio della traduzione letterale, "visione del mondo". Abbraccia in una triade: Dio, l'Uomo e il Mondo. Tanto familiare è questa unità che i tedeschi vi fanno costantemente riferimento nel linguaggio quotidiano. Dicono per esempio: "ho parlato di Dio e del mondo" (über *Gott und die Welt*) come noi diremmo "ho parlato proprio di tutto".

*Weltanschauung*, nel modo in cui fu concepita dai filosofi tedeschi alla fine dell'Ottocento, rappresentava un sistema coerente, in cui da un punto archimedico – ovvero da una base di convinzioni di fondo – si potevano spiegare il mondo, le leggi dello sviluppo, l'immagine dell'uomo. Freud la definiva "un ideale non raggiunto dell'umanità, una soluzione unificata a tutti i problemi della nostra esistenza in virtù di un'ipotesi globale", in altre parole qualcosa che ci fa sentire sicuri nella vita, che ci dà uno scopo, e ci suggerisce come dobbiamo organizzare emozioni e sentimenti in funzione di esso. Se la religione e la filosofia sono discipline che per loro propria natura offrono una *Weltanschauung*, la psicoanalisi, spiegava, è invece "totalmente inadatta a crearsene una".

"Guardare il mondo" da un punto di osservazione significa ovviamente che di lì la visione del mondo non cambia. Chi guarda è prigioniero del punto di osservazione e può vedere le cose in un solo modo. Noi potremmo chiamarla un'ideologia. Ma i tedeschi delle ideologie diffidano, e non a caso negli anni ottanta e novanta chiamavano i partiti italiani "ideologici", mentre consideravano i loro molto più nobilmente *Weltanschauungsparteien* (scusate l'agguato linguistico), ovvero partiti portatori di una concezione del mondo.

Se il Devoto-Oli la include tale e quale in un dizionario italiano è perché con la parola *Weltanschauung* nel Novecento la Germania ha invaso il pianeta. Non solo con la parola, come sappiamo. La *Weltanschauung* della Germania nazista è stata il più grande trauma della storia tedesca, che ha finito per rendere l'essere tedesco un vero e proprio dramma individuale. Il trauma non svanì con la sconfitta del nazismo, cui i tedeschi fanno riferimento non a caso come la *Stunde Null*, l'ora zero nella quale la storia doveva ricominciare. Una metà della Germania restava assoggettata a una nuova *Weltanschauung*, quella comunista, mentre l'altra non riusciva ad accettare di portare il lutto della catastrofe collettiva e dell'Olocausto. Tutto questo ha provocato enormi cesure, difficili adattamenti generazionali che sono stati i tratti caratteristici della Germania del dopoguerra. Non c'è famiglia tedesca che non abbia avuto padri nazisti o mogli e mariti assoldati dalla polizia segreta comunista, parenti divisi dal Muro o vittime dell'uno o dell'altro regime. Ogni cambio generazionale ha lasciato incomprensioni profonde, silenzi che ci sono voluti decenni per rompere e domande che solo oggi cominciano a trovare risposta. Oggi la *Weltanschauung* dei giovani tedeschi è fondata sul riconoscimento che il passato nazista e quello comunista influenzano ancora la loro vita, anche se personalmente non sono mai stati né nazisti né spie della Stasi. Non esiste più una *Weltanschauung* compatta e immutabile, una sorta di accesso privilegiato alla verità. In fondo era stata una *Weltanschauung* anche la "nazione non nazionale" teorizzata da Jürgen Habermas col suo "patriottismo della Costituzione", che voleva per i tedeschi un'identità nazionale ridotta al minimo, consistente unicamente nell'identificazione con i valori costituzionali. L'identità tedesca oggi è più frammentata e flessibile, capace di adattarsi ai mutamenti della storia. Fu Schroeder quando era cancelliere a dire che la Germania non aveva una visione del mondo, ma semplicemente uno stile di vita. "Come c'è una *way of life* americana, ce n'è una tedesca," disse Schroeder per spiegare che non sempre i tedeschi pensano e si comportano nello stesso modo degli americani. *Che cos'è tedesco?*, la questione che ha sempre tormentato la Germania, trova ormai una risposta sempre più simile a quella che riceve in tutti gli altri paesi.

## *L'architetto per l'eternità*

Heidelberg – È un "signore tedesco" colui che ci viene incontro sul viale del giardino fiorito di begonie e azalee, immerso nella quiete del parco del castello di Heidelberg. Cammina con il passo lungo e sostenuto di chi è abituato a lunghe passeggiate, comunica un'impressione di rigidità, anche se tiene la mano con fare rilassato nella tasca del cardigan. La scritta sulla targa del cancello, al numero 50 dello Schlosswolfsbrunnenweg: "A. Speer", ha le dimensioni di un'indicazione stradale. Un biglietto da visita che dice qualcosa dell'immagine che l'uomo ha di sé.

Aveva trent'anni quando Hitler "mise il mondo ai suoi piedi". Fino all'ultimo gli restò fedele. Pochi giorni prima della fine si impadronì di un aereo Cicogna e atterrò nella Berlino distrutta. Vide Hitler immobile, con gli occhi vitrei, chiuso nel bunker che lui stesso aveva progettato e ricevette da lui l'ultima fotografia con dedica: "All'amico di sempre". Ne aveva trentasei quando diventò ministro della Produzione industriale. Il segreto del "miracolo" grazie al quale Hitler poté continuare la guerra ancora per tre anni fu il lavoro coatto di due milioni e mezzo di deportati, la maggioranza dei quali morti in condizioni disumane. A Norimberga riconobbe il suo "fallimento morale": "Non solo avevo preso parte a una guerra che tutti sapevano mirava all'egemonia mondiale, ma l'avevo prolungata con le mie capacità ed energie. Sulla cupola della Halle a Berlino avevo progettato di mettere un globo terrestre, e sapevo che per Hitler non si trattava di simboli. A chi voleva ascoltare, Hitler non aveva nemmeno mai nascosto la sua intenzione di sterminare il popolo ebreo. Devo riconoscere che, pur senza concordare totalmente con le sue idee, avevo progettato edifici e prodotto armamenti che servivano ai suoi fini".

Una professione di colpa un po' troppo generica per qualcuno che altrimenti ha ricordi così puntuali. "Ancora mi stupisco di aver potuto sostenere il processo di Norimberga senza cedimenti, mantenendo sempre una riserva di autocontrollo e di resistenza interiore," dice. Un autocontrollo e una resistenza interiore che non l'abbandonarono mai nei vent'anni passati in carcere, in una cella di un metro e settanta per due. "La chiave del successo è la sua necessità, " asserisce. "I successi non capitano, si programmano."

Ricorda con estrema precisione, parla con il tono dello storico più che con quello del testimone. Riporta fedelmente le opinioni di Hitler, sorvola sulle proprie: "Non sono importanti". Si vede in retrospettiva come un tecnico scettico, e pronuncia con tono neutro frasi quali: "ero io il capo"; oppure "la Wehrmacht doveva solo provvedere alla forza lavoro". Come se dietro queste parole non ci fosse una storia di orrori agghiaccianti, di milioni di morti, di drammi umani senza precedenti. È impossibile ascoltarlo senza provare un disagio quasi fisico.

"La differenza tra nazismo e fascismo," spiega, "era dovuta al carattere italiano. Gli italiani sono gente che ama la famiglia, che è indulgente con i bambini. Da questo punto di vista uno può anche trovarli amabili. Ma non possono essere buoni soldati, perché hanno rapporti umani diversi da noi. Non voglio generalizzare, la mia è solo una supposizione: i tedeschi, grazie al loro carattere più freddo, sono buoni soldati. Facemmo quello che doveva essere fatto: se non fossi riuscito nel mio compito di moltiplicare la produzione di armi, la Germania sarebbe capitolata nel 1942. C'è anche un altro segreto per quel miracolo, chiamiamolo così. Riuscii a neutralizzare la burocrazia. Chiesi a Hitler di passare nelle mie mani tutto il gigantesco apparato burocratico della Wehrmacht e così lo bloccai. Ai burocrati affidai solo incarichi senza importanza: dovevano vigilare nelle fabbriche affinché vi fosse abbastanza olio combustibile o sufficiente forza lavoro. Affidai la produzione direttamente ai capi d'industria, non solo per le fabbriche di loro proprietà: un'azienda come la Vereinigte Stahlwerke forniva alle altre la propria esperienza e interveniva nella gestione. Naturalmente potei fare tutto questo perché avevo l'appoggio di Hitler, ma lui me lo diede perché mi sapeva capace di grandi successi."

In un'ora di colloquio, Albert Speer non ha mai pronunciato la parola rammarico, o sofferenza. Nessun accenno ad Auschwitz o a Treblinka, lui che aveva confessato a Norimberga "di averne avuto un'idea". Si permette perfino un paragone azzardato: "Stare vent'anni in prigione è come emigrare. Occorre prenderlo come un dato di fatto, senza affliggersene. Negli ultimi anni ho parlato con molti emigrati, e tutti mi hanno confermato questa sensazione. Carl Zuckmayer, di cui diventai amico, mi disse: 'Non sono più capace di trovare un contatto con la Germania. Sono rimasto un senza patria'. A me è accaduto lo stesso".

Anche alla domanda che effetto faccia, per l'architetto che voleva "edificare per l'eternità, che come Faust avrebbe venduto l'anima per costruire un edificio gigantesco", sapere che delle sue opere monumentali oggi non è rimasto niente, Speer resta imperturbabile. "Ci sono ancora i disegni, i progetti. Sono stati da poco raccolti in un libro, che per me ha un grande valore."

"In Hitler," conclude, "vidi prima di tutto colui che avrebbe salvato i valori del Diciannovesimo secolo contro il mondo orrendo delle metropoli. Io che amo camminare, remare, scalare le montagne, odiavo le città e il tipo umano che esse producono." È, in questo, un perfetto esemplare di quella tradizione romantica che provocò la resa dell'alta borghesia tedesca al Führer, e di quel disprezzo per la politica che lo portò a credere che tutte le politiche siano uguali. Comprese quelle che si traducono in persecuzioni e massacri.

## *Possiamo ucciderli solo venti volte*

Colonia – Heinrich Böll sarebbe stato l'interlocutore ideale per qualcuno che avesse voluto fare un viaggio nell'anima tedesca attraverso le parole. Quando gli venne conferito il premio Nobel, ringraziò l'Accademia di Svezia dicendo: "Sono tedesco e il mio unico passaporto valido che nessuno mi deve rilasciare, e nessuno mi deve rinnovare, è la lingua in cui scrivo". L'amore per la lingua gli veniva spontaneo e immediato e, come spesso capita con i grandi scrittori, dava l'impressione che delle parole cogliesse sfumature e segreti che sfuggono a noi comuni mortali. Geniali i "mestieri" inesistenti che inventava per i suoi personaggi. *Der Wegwerfer*, "colui che butta via", è la storia di un giovane assunto per buttare via la corrispondenza inutile che arriva alle ditte, valutando scientificamente le buste in arrivo senza aprirle e risparmiando i minuti preziosi degli impiegati. *Der Lacher*, "colui che ride", si guadagnava la vita producendo risate grasse, ironiche, secche o ingenue per la radio e per la tv. Trovò estremamente comico il cognome della nostra assistente tedesca, Krieger, troppo guerriero per una ragazza così mite.

"Chi ha una passione per le parole, come l'ho io, più pratica questa passione più si preoccupa perché capisce quale forza dirompente esse rappresentino," ci disse. "Non appena pronunciate o scritte le parole si trasformano e caricano chi le ha dette o scritte di una responsabilità grande, il cui peso spesso gli sfugge. Chi scrive *pane*, non si rende conto che sono state fatte guerre in nome di questa parola, commessi omicidi, e che questa parola porta con sé un'eredità di violenza. Uno scrittore dovrebbe sapere di quali eredità è portatrice e di quali trasformazioni è capace ogni parola."[1]

I suoi racconti, i suoi romanzi sono stati un pungolo alla memoria. Non quella proustiana del tempo perduto ma quella del tempo tradito, in cui abbiamo fatto cose che la nostra coscienza non può più ignorare. Per esempio la guerra. "Poiché l'uomo non è buono, poiché ognuno la guerra la porta dentro di sé, il solo vero deterrente è la memoria dell'orrore," diceva. Ferito tre volte, prigioniero degli americani nel 1945, Böll non aveva potuto dimenticare la guerra. "È questa la dimensione principale del movimento pacifista in Germania: la memoria di una guerra che ha distrutto l'Europa e fatto cinquanta milioni di morti. Ed era una semplice guerra convenzionale. Mentre ora si parla di guerre nucleari." Il suo punto di vista sulla guerra e sulla pace era un punto di vista "tedesco", dal quale traspariva un rapporto tormentato dalla colpa nei confronti dell'Unione Sovietica. Böll non negava che l'impero sovietico fosse minaccioso per l'Occidente, ma non poteva dimenticare "i venti milioni di morti, i settantamila villaggi distrutti, le duemila città rase al suolo dai tedeschi in Russia".

La prima cosa da raggiungere sempre, ci spiegò, è almeno la pace formale: quell'assenza di guerra che si chiama pace e che può sembrare poco ma non dobbiamo mai sottovalutare. Erano gli anni in cui il movimento pacifista tedesco manifestava contro i nuovi euromissili che la Nato voleva installare in Germania, per pareggiare quelli sovietici, ma a Böll l'equilibrio degli armamenti inteso in senso numerico pareva un'assurdità. "Non credo che parlare di superiorità o inferiorità abbia molto senso in presenza di un *overkill* multiplo," ci disse. "Un missile in più non aumenta la nostra sicurezza. Se la loro superiorità vuol dire che ci possono uccidere trenta volte, mentre noi li possiamo uccidere venti volte, mi sembra che basti."

Con i nuovi missili la Germania sarebbe diventata, in caso di guerra, il campo di battaglia europeo. "Tutti danno per scontato il sacrificio della Germania. *Tot oder rot*, o morti o soggiogati da Mosca," concluse prima di congedarsi, "ma voglio usare un'iperbole: i tedeschi, perfino loro, hanno diritto a vivere. E a non essere soggiogati."

## *Le confidenze di una spia*

Berlino Est – L'appuntamento era in albergo. Il Muro era caduto da pochi giorni. "Se mi facessi vedere al centro stampa sarei preso d'assalto," aveva detto al telefono. Puntuale alle undici, Mischa Wolf bussò alla porta. Corrispondeva perfettamente alla descrizione che facevano di lui i servizi segreti occidentali: occhi scuri vivaci, belle mani, maniere perfette, eloquio avvincente. Fino al 1979 era stato l'uomo senza volto, una leggenda. La spia più famosa del mondo, da cui dipendevano almeno ventimila agenti in tutto il pianeta, poteva passeggiare per Helsinki, per Berlino e perfino per New York senza che nessuno sapesse chi era. La sua prima foto, e proprio sulla copertina dello "Spiegel", fu uno scoop mondiale e gli procurò qualche problema con Mielke, il capo della Stasi. Lo ritraeva elegante e rilassato con sottili occhiali scuri mentre camminava per le vie di Stoccolma accompagnato da una signora. Mielke diffidava di Wolf, anche se non osava contrastarlo apertamente, sapendo che Wolf era molto più abile di lui. I suoi colpi di bravura erano stati innumerevoli. Due volte gli era riuscito di far passare dalla propria parte i capi dei servizi segreti della Germania federale: Otto John nel 1954 e Hans-Joachim Tiedge nel 1985. Era stato lui l'inventore degli "agenti dormienti", quelle persone che per anni conducono una vita normale prima di essere attivate come spie. Ma l'invenzione più brillante era stata quella delle "spie per amore", le tante funzionarie e segretarie che venivano sedotte dai vari "Romeo" mandati da lui in Occidente e convinte a diventare spie. Secondo i calcoli occidentali dipendevano da lui oltre ventimila agenti.

Indossava uno spinato grigio di cachemire, camicia bianca e scarpe inglesi un po' usate, un tocco studiato di trasandatezza. Era colto, intelligente, pacato. Già da un anno propagandava la *perestrojka* di Gorbaciov, un tabù nella Germania Est, ma Honecker non l'aveva fermato: "Lavoro con la rete e il doppiofondo, dopotutto sono depositario di molti segreti," disse con un guizzo di malizia negli occhi.

Si difendeva con finta modestia dalla troppa fama. "I media tendono a personalizzare, dimenticano che i successi non sono mai opera di una persona sola." Il suo segreto, spiegò, era prendere il mondo com'era. Non immaginarsene uno diverso. L'altra cosa fondamentale per il suo mestiere era farsi sentire sempre vicino ai propri collaboratori, tanto più quando erano in pericolo. "Per questo viaggiavo spesso all'estero, anche se i miei viaggi erano criticati dal Politburo, sembravano stravaganze." Ammise che forse lo spingeva anche il gusto del rischio, ma non era quella la ragione principale.

Un altro dei suoi principi era che il denaro non compra tutto. Quasi tutto, ma non tutto. "Tutti abbiamo bisogno di un sostegno morale, in fondo tutti dobbiamo credere di agire per il bene. Le motivazioni non sono sempre facili da trovare, certo. Ma io non ho mai dato per scontato che uomini per me interessanti perché lavoravano a livelli alti fossero sempre in vendita. Gli americani invece sono sicuri che ognuno ha un suo prezzo. Mi ha spesso meravigliato la brutalità con cui la Cia faceva offerte massicce ai nostri uomini, nelle ambasciate. Non avrei mai agito con altrettanta disinvoltura."

Il suo successo più clamoroso era stato piazzare Günter Guillaume al posto più alto che un capo dello spionaggio potesse desiderare: al fianco del cancelliere del paese nemico. Ma Wolf ne parlava come di un incidente: "Politicamente il caso Guillaume fu invece una sconfitta. Era cominciata l'Ostpolitik, a noi interessava che andasse avanti. Guillaume originariamente non era stato messo a seguire Willy Brandt, aveva altri compiti, ma le cose a un certo punto presero un corso obbligato. Quando la Spd gli propose di lavorare a fianco del cancelliere la mia prima reazione fu di frenare. Ma la cosa andò avanti e, a quel punto, come resistere alla tentazione di avere un proprio uomo ai vertici del governo avversario?". In realtà, quando arrivò accanto a Willy Brandt, Guillaume era stato già individuato dagli occidentali come spia, disse. "Solo che noi non ce n'eravamo accorti."

Negli ultimi quindici anni visse a Berlino scrivendo di tutto. Di cucina russa, di storie della sua famiglia, fiabe, libri di memorie. Sempre senza rivelare niente che non fosse già noto. Tanto che l'attesa autobiografia, da cui il suo editore americano si aspettava straordinarie confessioni, ebbe un successo modesto perché di rivelazioni non ce n'era nessuna. Hollywood se ne disinteressò. Eppure Mischa Wolf avrebbe visto volentieri Paul Newman nei suoi panni.

"Di professione scrittore," disse seriamente di fronte al tribunale di Monaco in cui veniva interrogato come testimone in un processo di spionaggio, e nemmeno il giudice poté trattenere un sorriso. Quando glielo permettevano le noie con la giustizia cenava a Berlino da Bacco, un ristorante italiano alla moda. E considerava un vero affronto, un esempio di giustizia dei vincitori, che la Germania riunificata processasse lui e non chi faceva lo stesso suo mestiere in Occidente, chi assoldava, corrompeva e uccideva i suoi uomini come lui faceva con quelli da quest'altra parte.

## *"La lunga corsa per trovare me stesso"*

È stato un lungo cammino quello di Joschka Fischer, *Mein langer Lauf zu mir selbst*, come recita il titolo della sua autobiografia. Ma chi è veramente questo "me stesso", nella sua straordinaria trasformazione da militante della sinistra "spontaneista", quale era nella Francoforte ribelle degli anni settanta, a ministro degli Esteri capace di convincere i Verdi, pacifisti totali per tradizione, a sostenere, in Kosovo, per ragioni umanitarie, il primo intervento armato cui abbia partecipato la Germania nel dopoguerra?

Le idee controverse lo hanno sempre affascinato e l'Europa è quella che più lo ha occupato negli ultimi tempi. Nel governo rosso-verde di Berlino, Fischer era "l'europeista", "l'integrazionista". Anche Schroeder naturalmente sapeva che un cancelliere tedesco non può non essere "europeista", ma per lui l'Europa non era mai stata un affare di cuore come per il suo ministro degli Esteri. Fu Fischer del resto che, quando ancora nessuno se ne preoccupava, fece squillare il primo campanello d'allarme. "La storia ci chiede ancora una volta: *quo vadis* Europa?" ammonì in un discorso all'Università Humboldt di Berlino nel 2000. "La risposta," disse, "non può essere che una: andare avanti fino al completamento dell'integrazione."

La sua carriera vacillò per un momento, nel 2001, quando dovette scusarsi pubblicamente per il suo passato. I giornali avevano pubblicato una serie di fotografie che lo ritraevano ventenne barbuto mentre picchiava un poliziotto per le strade di Francoforte. Le aveva ritrovate Bettina Röhl, figlia della terrorista della Raf Ulrike Meinhof. Per Bettina, con la sua personale storia tragica alle spalle, il ministro degli Esteri è diventato il simbolo di una generazione che ce l'ha fatta, mentre sua madre si toglieva la vita nel carcere di Stammheim senza lasciarle nemmeno due righe d'addio.

"Mi ci è voluto tempo per accettare la legittimità costituzionale della Germania federale," ha ammesso il ministro quando è stato chiamato come testimone al processo contro un terrorista, Hans Joachim Klein, suo compagno negli anni di Francoforte. Klein era stato coinvolto in un'azione terroristica all'Opec di Vienna nel 1975. Fischer spiegò che lui e Klein aspiravano a un "mondo diverso". Ma aggiunse: "Io ho sempre detto no al terrorismo, l'ho sempre visto come una catastrofe".

La sua enorme popolarità ebbe la meglio su chi voleva rovinargli la carriera. Una popolarità che non l'aveva mai abbandonato da quando, negli anni ottanta, in una Germania incredibilmente formale, osò presentarsi a giurare in Parlamento come primo ministro per l'Ecologia in Assia in scarpe da tennis e senza cravatta.

Da ministro portava sempre un classico completo a tre pezzi, e non fu la sua sola trasformazione accanto a quella politica: negli anni novanta, quando la terza moglie lo lasciò, con un regime drastico di dieta e jogging perse in poco tempo quaranta chili. Correre era per lui il modo migliore di pensare, sosteneva. Per i soliti paradossi della storia tedesca fu proprio lui a occupare per la prima volta nella Berlino tornata capitale uno dei luoghi più carichi di storia della città, quella che era stata la Reichsbank di Hitler. Sopra la sua scrivania c'era un grande ritratto di Willy Brandt fatto da Andy Warhol. "Il mio principio è restare fedele a me stesso," disse.

# 3.

## L'insozzatore del nido
## *Nestbeschmutzer*

O Deutschland, meine ferne Liebe,
Gedenk ich deiner, wein ich fast!
Das muntre Frankreich scheint mir trübe,
Das leichte Volk wird mir zur Last.

HEINRICH HEINE, *Neue Gedichte*, "Anno 1839"

Il *Nestbeschmutzer* è un individuo che insozza il suo nido: la famiglia, la chiesa, la patria, il partito, insomma il nucleo cui appartiene. Sporcare il nido è un'azione indegna, persino gli animali stanno attenti a non farlo. La femmina del bucerotide, uccello equatoriale dal lungo becco ricurvo, passa diversi mesi "murata viva" nella cavità di un baobab durante la cova, e per non sporcare il nido ha imparato a gettare con cura gli escrementi dalla stessa fessura attraverso la quale il compagno le porta il cibo.

Tutto quello che danneggia il nido o distoglie dalla sua sacralità è per i tedeschi una profanazione. Al nido bisogna essere fedeli, imparano i bambini recitando ballate e filastrocche: *Es war ein König in Thule / gar treu bis an das Grab.** Perfino all'amata Loreley dalla voce d'oro non si perdona di suscitare passioni che distolgono i marinai dalla retta via: *das hat mit ihrem Singen / die Loreley getan,*** scrive Heinrich Heine, e il tono è di rimprovero. Chi sporca il

* "C'era un re a Thule, fedele fino alla tomba", dal *Faust* di Johann Wolfgang von Goethe.

** "Questo con il suo canto, l'ha provocato la Loreley", verso di una celebre poesia di Heinrich Heine nel *Buch der Lieder*, "Loreley", 1824.

nido non merita perdono dunque. Nemmeno se è spinto dal desiderio di far bene.

Heine è un classico *Nestbeschmutzer*. Le più belle poesie, le più dolci parole sulla Germania sono state scritte da questo poeta tedesco, ebreo convertito, che stanco di essere tormentato dalla censura emigrò a Parigi; dove conservava una bruciante nostalgia per la Germania. La Germania era il suo "amour de loin," scriveva riprendendo l'espressione dei trovatori provenzali, mentre il popolo di Francia gli sembrava "leggero". Lui stesso portava "scritta sul viso la serietà tedesca," affermò un contemporaneo. Ma per i tedeschi rimase "un poeta per commessi viaggiatori", come dice all'amico ebreo l'aristocratico Konradin Hohenfels nel libro di Uhlman *L'amico ritrovato*.

Di Heine i tedeschi (oltre al fatto che fosse mezzo ebreo) non tolleravano l'ironia; un'ironia che ai loro occhi sfiorava il sacrilegio quando sbeffeggiava la Prussia e le sue virtù militari. "Più guardavo con timore questa aquila prussiana... tanto più ero consapevole dei suoi artigli. Non mi fidavo di questo lungo eroe bigotto, ingordo e spaccone, con il bastone di caporale che prima immerge nell'acqua santa e poi usa per picchiare. Non mi piaceva questa soldataglia dalla filosofia cristiana, questa massa di birra, bugie e rabbia. Ripugnante, profondamente ripugnante, era per me questa Prussia, questa Prussia rigida, ipocrita e bacchettona,"[1] scrisse nel 1851. Ma allo stesso tempo erano affascinati dall'incanto della sua lingua. I nazisti permisero l'insegnamento delle sue poesie nelle scuole ma non si doveva sapere chi era l'autore. Per superare questo dilemma la critica letteraria tedesca costruì una teoria, quella della contraddizione fra "talento" e "carattere": Heine ha talento, dissero, perché non ha carattere.

La storia dei monumenti che i tedeschi *non* eressero al loro più grande poeta romantico è esemplare. Si cominciò nel 1887, trent'anni dopo la sua morte, quando un gruppo di cittadini si costituì in comitato per erigere a Heine un monumento a Düsseldorf, città natale del poeta. Destino dei *Nestbeschmutzer* è di avere, accanto a una maggioranza di detrattori, un piccolo combattivo gruppo di ammiratori. Il tentativo fallì ma molti altri seguirono, finché nel 1926 una statua in bronzo fu commissionata allo scultore Edgar Lederer. Restò in piedi un paio d'anni e poi fu tolta dal piedistallo (si era ormai nel 1933) e dieci anni dopo venne fusa per farne cannoni. Dopo la guerra, in un parco di Düsseldorf fu installata una scultura che nei registri del comune risultava come "dedicata a Heine" per il suo centenario; ma sul piedistallo c'era scritto "Armonia" e mancava qualsiasi riferimento visibile al poeta. La stessa sorte toccò a Heine nella Germania Est, anche se qui il governo ritenne che un monumento non si poteva evitare. Ulbricht commissionò la statua a uno scultore ma quando la vide gli sembrò troppo moderna e comunque non abbastanza rivoluzionaria. Invece che a Berlino il monumento fu sistemato in un paesino nei dintorni dove non c'era nemmeno una piazza che potesse essere intitolata al poeta. L'ultimo atto si è compiuto nel 1988, anno in cui, dopo infinite discussioni, all'Università di Düsseldorf venne dato il nome di Heinrich Heine Universität. Poco prima, uno scultore di Amburgo aveva scolpito quello che chiamò "il monumento di un monumento" a ricordo di quello fuso nel 1943.

Anche Marlene Dietrich ebbe come Heine, negli ultimi anni di vita, una nostalgia bruciante per la Germania. Volle essere seppellita a Berlino, di cui le mancavano le *Kneipen*, i bar fumosi all'angolo della strada, e il cibo semplice che lì viene servito: zuppa di gulasch, zuppa di piselli secchi, insalata di patate. Viveva nella capitale della gastronomia europea, Parigi, ma due volte la settimana si faceva portare il pranzo da un ristorante tedesco nei pressi di Avenue Montaigne, dove abitava. La sua voce, dopo che la sentì la prima volta al telefono, il giovane chef della Maison d'Allemagne, Markus Auer, non l'ha mai dimenticata – era sempre quella di cui Hemingway scrisse che, anche se la Dietrich non avesse avuto altro, "solo con quella voce ti avrebbe spezzato il cuore". Auer era arrivato fresco dalla Baviera quando Marlene telefonò: "Sono la Dietrich, sa chi è la Dietrich? Voglio caffè tedesco, pane tedesco e una buona colazione tedesca con affettati". Lei aveva ottantasette anni e viveva semireclusa, per non intaccare il ricordo della sua bellezza. Prima di entrare nell'appartamento la portiera lo sottopose a un controllo "come in un aeroporto in una zona di guerra" per essere sicura che non nascondesse macchine fotografiche. Marlene gli dettò molte ricette, che lui doveva eseguire. E che anni dopo sono state pubblicate: *Ich will wat Feinet. Das Marlene Dietrich Kochbuch*. La Germania non l'aveva mai trattata bene. I tedeschi non le perdonavano che fosse tornata in Europa durante la guerra a fianco dei soldati americani, indossando la loro divisa; né che avesse subito visitato, nel 1945, i campi di sterminio. Nella sua prima tournée in Germania nel dopoguerra fu accolta dagli attacchi della stampa conservatrice, e da pochi ammiratori. L'ultimo passaporto tedesco l'aveva chiesto nel 1937, aveva preso la cittadinanza americana nel 1939, ma cantava *Ho ancora una valigia a Berlino*. Per i suoi funerali, l'amministrazione comunale berlinese non autorizzò neppure una commemorazione pubblica. Era il 1992. "Gli ex colleghi e colleghe della Dietrich non potrebbero parteciparvi, sono troppo vecchi," fu il pretesto. La verità era che l'opinione pubblica era ancora contro di lei. "Cosa ha fatto questa donna per Berlino? Mentre qui regnavano la miseria e la sofferenza, lei viveva nel lusso all'estero." "Ha guadagnato in America tutti quei soldi, si faccia seppellire lì," scrissero i lettori ai giornali berlinesi. La sua tomba è stata profanata un paio di volte.

"Ha proprio ragione il dottor Goebbels, tu non sei una brava tedesca. Sei una traditrice," le diceva la sorella Elizabeth nel musical *Sag mir, wo die Blumen sind* [Dimmi dove sono finiti i fiori], che fu messo in scena a Berlino un anno dopo la sua morte, e che durò una sola stagione. In nessun quartiere berlinese era stato possibile dedicarle una strada. C'è infatti una regola secondo cui per cambiare il nome di una strada l'amministrazione comunale deve ottenere il consenso degli abitanti. Solo quando è stato ricostruito il Potsdamer Platz, prima occupato dal Muro, è stato possibile intestarle una piazza perché nella zona non abitava ancora nessuno.

Perfino Willy Brandt agli occhi di tanti suoi concittadini è stato *Nestbeschmutzer*. Il suo inginocchiamento nel ghetto di Varsavia, che restituì ai tedeschi il rispetto del mondo, in Germania fu visto come una vergogna.

L'etichetta di "insozzatore del nido" Brandt la portava addosso fin da quando era cominciata la sua avventura politica. "Il signor Brandt ci dovrebbe dire che cosa ha fatto nei dodici anni passati fuori dalla Germania," tuonava Franz Josef Strauss dai banchi dell'opposizione. Giovanissimo, Brandt si era impegnato nel partito socialdemocratico nella resistenza contro il nazismo. Era poi emigrato in Norvegia e successivamente in Svezia. Era figlio illegittimo e nella campagna elettorale del 1961 Adenauer lo denigrò come "figlio di nessuno" oltre che "esule". Patria e famiglia restavano i pilastri della Germania. I tedeschi erano riusciti a risollevarsi dalle macerie e perfino a compiere un "miracolo economico" ma avevano fallito nel compito più importante, quello di riflettere sulla catastrofe collettiva e sui crimini che il nazismo aveva commesso. Anche dopo il trionfo dell'elezione a cancelliere, con il maggior numero di voti mai raggiunto prima dalla Spd, Brandt restò sempre un outsider. Per molti tedeschi era una personalità inafferrabile, che non aveva nessuno dei caratteri tipici di quella mentalità piccolo borghese ancora dominante. Quando morì nel 1995, Unkel, il paesino renano dove abitava in una villetta bianca e grigia, restò a lungo indeciso se dedicargli una piazza.

La sua era stata una vita straordinaria e straordinarie erano anche le sue contraddizioni. Era un gaudente e allo stesso tempo un malinconico. Incline alla depressione. Una volta Horst Ehmke, suo fidato capo di Gabinetto, per scuoterlo dall'isolamento andò a trovarlo con una bottiglia di ottimo vino e gli disse: "Forza Willy, dobbiamo governare". Più tardi dette la colpa di quello stato di apatia al fatto di aver smesso di fumare. Quando si dimise, dopo la scoperta che il suo braccio destro, Günter Guillaume, era una spia della Ddr, circolò la voce che lo faceva per evitare che trapelassero rivelazioni sulle sue numerose amicizie femminili. Non era vero, ma l'accusa era facile. Brandt era un uomo che senza avventure amorose, senza sigarette e senza alcol faceva fatica a vivere. Non era mai riuscito a non tradire le proprie donne. Ci sono lettere e lettere che scrisse da Berlino, al ritorno dopo l'esilio norvegese, alle sue tre donne che erano rimaste a Oslo: la moglie, la figlia piccola e l'amante. Gli mancavano molto tutte e tre, ognuna a suo modo: da Carlotta, da cui non era ancora divorziato, voleva sapere se ce la faceva a campare e come poteva aiutarla, a Ninja chiedeva di mandargli un disegno, e a Rut, che poi lo raggiunse nel 1947 e lo sposò poco dopo, raccontava minutamente tutto quello che faceva a Berlino.

Ma proprio le sue debolezze e le sue contraddizioni ne fecero un uomo amato dalle giovani generazioni. Un uomo non deve sempre vincere, era il suo messaggio. Può essere vulnerabile e contraddittorio. Può subire sconfitte e patirne, senza perdere il cuore proprio e quello della gente. Era insieme vicino e lontano, aveva sempre un orecchio per tutti ma restava allo stesso tempo il leader.

Brandt era sempre stato un po' in dissonanza, anche rispetto ai compagni di partito. Era più avanti di loro. Fiutava i temi nuovi che sarebbero esplosi anni dopo. Promise il cielo azzurro sulla Ruhr già negli anni sessanta. Capì che la coscienza ecologista dei tedeschi poteva diventare una risorsa politica. Era stato anche il primo dopo la guerra a rendersi conto che i socialdemocratici sbagliavano opponendosi all'"occidentalizzazione" voluta da Adenauer. E fu anche il primo nella Spd a dare il pieno appoggio alla riunificazione voluta dal cancelliere Kohl. *Jetzt muss zusammenwachsen was zusammengehört*, ora deve rimarginarsi ciò che è nato per stare insieme, disse ai compagni di partito preoccupati che rinascesse una Grande Germania. Con una biografia così limpida, lui non provava sensi di colpa per il suo essere tedesco. Ancora oggi i militanti della Spd, di fronte a una decisione cruciale, si chiedono: che avrebbe detto Willy?

“Ma resta ancora uno straniero in patria,” disse Grass nel giorno della sua morte.

“Il mio primo contatto con Brandt fu nel 1961, l’anno in cui venne costruito il Muro,” ci disse Günter Grass quando lo intervistammo il giorno stesso della morte di Brandt. “In autunno ci furono le elezioni e in quella campagna elettorale il cancelliere Adenauer fece l’infame discorso sul Signor Frahm (il cognome della madre di Willy Brandt), diffamandolo come figlio di N.N. ed emigrante. Più infame ancora del discorso di Adenauer mi sembrò il silenzio dell’opinione pubblica. L’indignazione mi spinse a entrare nella campagna elettorale e a impegnarmi di persona.”

Qual è stato il suo rapporto personale con Brandt? “Il nostro è stato un avvicinamento molto lento,” rispose. “Non si possono immaginare due persone più diverse. Brandt era estremamente schivo e molto vulnerabile. Passò molto tempo prima che mi proponesse di dargli del tu e ha sempre mantenuto una certa distanza, non solo con me ma con tutti i suoi amici. Per lui era una distanza necessaria, sicuramente un prodotto della sua estrema vulnerabilità. Questo non mi impedì di criticarlo come politico. Sono convinto che l’amicizia tra uno scrittore e un politico sia possibile solo se consente la critica pubblica. Brandt è stato uno dei rari politici che mai hanno perduto la capacità di ascoltare e quella ancora più rara di seguire ciò che gli veniva proposto.”

Quale eredità lascia Brandt alla Germania? “Prima di tutto l’Ostpolitik, da lui condotta contro l’enorme resistenza della Democrazia cristiana tedesca. Fu questa politica, che era stata criticata con il falso assunto che avrebbe contribuito a stabilizzare i regimi dell’Est, a mantenere aperto il dialogo tra i due stati tedeschi, alleggerendo la condizione di tante vite umane. Poi, quello che disse al momento dell’unificazione tedesca: ‘Ora deve rimarginarsi ciò che è nato per stare insieme’. Ma ancor più mi preme ricordare il suo inginocchiamento nel ghetto di Varsavia. Un gesto che ancora oggi mi emoziona. Il fatto che quell’inginocchiamento non sia stato capito da tanti tedeschi, anzi che abbia accresciuto le loro diffidenze, è una prova di quanto Willy Brandt fosse rimasto uno *straniero in patria*."

Era un altro modo di dire *Nestbeschmutzer*.

Per un periodo questo termine si era curiosamente riaffacciato nei Länder dell'Est. "Chiamano insozzatori del nido chi denuncia la violenza di destra e non chi la commette," si indignava "Die Zeit". L'Est è meno corretto storicamente dell'Ovest perché lì non è mai avvenuta quella riflessione sul passato che all'Ovest ha reso *Nestbeschmutzer* una parola da citare solo per prenderne le distanze.

# 4.

## Il pensatore laterale
## *Querdenker*

> Quando esamino me stesso e i miei metodi di pensiero, giungo alla conclusione che il dono della fantasia per me ha significato di più che il talento per un pensiero astratto o positivo.
>
> ALBERT EINSTEIN, in *Deutsche Erinnerungsorte*, cit., vol. III, pp. 63-64

C'era una volta il *Quertreiber* (la parola è di origine olandese), un navigante che invece di seguire la rotta prescritta andava di traverso e finiva così per tagliare la strada (*in die Quere kommen*) ad altri navigatori. Di lì venne il *Querkopf*, una testa storta, uno che faceva a modo suo e non seguiva la retta via. Tutto questo per dire che *quer*, traverso, trasversale, storto, in tedesco non ha mai significato niente di buono. Figuriamoci poi dire di qualcuno che è un *Querdenker*, che unisce cioè la stortura al pensiero (*das Denken*), ovvero a quanto i tedeschi tengono in massima considerazione, come si vede anche dal numero di vocaboli che vi fanno riferimento. Nella lingua tedesca non ci sono solo i *Vordenker* (i precursori, quelli che pensano "prima") e i *Nachdenker* (i riflessivi, quelli che pensano "dopo"); ci sono gli *Umdenker*, che cambiano radicalmente idea e pensiero, e i *Mitdenker*, capaci di immedesimarsi nei pensieri e nei desideri altrui. Un ultimo neologismo, *Denkanstoss*, è un incitamento a riflettere che suona come un pugno in faccia. Appropriatamente indica l'idea che sblocca una situazione di stallo.

Dunque, chi pensava per conto proprio senza seguire l'ordine prestabilito per il tedesco medio era un personaggio sospetto, uno che "sta seduto fra tutte le sedie"; che poteva diventare un "insozzatore del nido" se avesse proseguito su quella strada. Avere idee indipendenti non giovava per andare avanti nella carriera, e comunque era buona regola, per chi le avesse avute, non esprimerle davanti ai superiori, insegnanti o direttori d'azienda che fossero. Per molto tempo i *Querdenker* sono stati una piccola minoranza di intellettuali scomodi che mettevano il dito sul conformismo e l'autoritarismo, caratteristiche che restarono a lungo dominanti nella società tedesca, nelle famiglie e nelle scuole, anche molto dopo la fine del nazismo.

La parola fu ignorata dai vocabolari fino al 1991. Ma in quel momento, che sorpresa! "Un *Querdenker*," sancì il Duden registrando il vocabolo quell'anno, "è qualcuno che pensa con la propria testa, in modo originale e autonomo." Pensare con la propria testa è un valore, lasciava intendere il vocabolario dei vocabolari, "il libro che registra il mutare dello spirito del tempo", ed era la prima volta. Da quel momento, sembra che in Germania i *Querdenker* dilaghino. E anche se il tedesco medio continua ad amare le regole e l'ordine in misura superiore ai suoi omologhi in altri paesi, i media traboccano di lodi all'originalità. Non un necrologio o un articolo celebrativo senza che vi compaia la parola. "Settantacinque anni, e ancora un *Querdenker*," è un titolo tipico. L'originalità è diventata per i tedeschi una passione.

Secondo uno studio comparativo sugli eccentrici nei diversi paesi, ne avevano bisogno.[1] Lo studio infatti rilevava che ancora nel 1995 nella lontananza da qualsiasi tipo di eccentricità i tedeschi erano secondi solo ai giapponesi, per i quali l'eccentrico è addirittura "un disobbediente, un cattivo". La palma dell'originalità andava, naturalmente, agli inglesi. Tipicamente, di questa nuova passione i tedeschi hanno subito fatto un oggetto da istituzionalizzare. Non passa fine settimana senza che qualche organizzazione – confindustria, chiese evangeliche, sindacati – non offra corsi, simposi o scuole estive per imparare a pensare con la propria testa. Anzi, più conservatrice è un'istituzione più vi si prodiga. Dal 1995, un gruppo di aziende tedesche finanzia una vera e propria *Querdenkenakademie*, un'accademia per pensare di traverso. Negli auspici dei fondatori, tra i quali spiccava il presidente dell'Ufficio brevetti tedesco Erich Hauser, questi corsi della durata di un anno con all'ordine del giorno materie tipo "innovazione e ribellione" dovevano contribuire a sbloccare quei comportamenti inerziali che potevano rendere l'economia tedesca meno competitiva.

Per un autentico *Querdenker* è stato uno sviluppo imbarazzante. "Quarant'anni fa, chiunque disturbasse il consenso doveva rassegnarsi a essere catalogato come un ratto o un moscone da cacciar via," disse Hans Magnus Enzensberger ricevendo recentemente il premio Ludwig Börne. Come conseguenza ne era derivato un assurdo scontro tra il cosiddetto "Potere" e il cosiddetto "Spirito". Molti scrittori si sentivano soffocare in quell'atmosfera e per respirare si rifacevano proprio su coloro che cercavano di aiutarli. Per esempio, se ricevevano un premio letterario lo devolvevano subito ai vietcong. "Fortunatamente tutto questo è finito. Oggi il pluralismo consente qualsiasi contraddizione. Anche il bolscevico più irriducibile può esprimersi sulla 'Frankfurter Allgemeine' e gli autori di opposizione si riuniscono per una chiacchierata dal cancelliere. Un outsider non solo viene perdonato, ma gode di grande stima e il predicato *Querdenker* è ambitissimo. Per la verità non è sempre chiaro quali sue idee eccentriche sarebbero da lodare, ma non c'è un talk show cui questo personaggio non partecipi."

Secondo lo studio sopra citato l'infanzia e l'adolescenza sono i momenti in cui si forma l'originalità della persona. Forse per Enzensberger furono determinanti quegli anni di anomìa subito dopo la fine della guerra, quell'interregno dal 1945 al 1948 in cui si trovò a vivere appena sedicenne a Norimberga, che era stata la città delle megamanifestazioni hitleriane. I vecchi erano screditati, gli adulti prigionieri di guerra o in fuga, anche i giovani della Hitler-Jugend appena più grandi di lui si nascondevano per non essere accusati di nazismo. Come tutti i tedeschi della sua età anche il piccolo Hans Magnus aveva fatto parte della Gioventù hitleriana, ma ne era stato espulso perché non andava mai alle riunioni. Riuscì miracolosamente a evitare conseguenze gravi! Ma non volendo che i genitori si preoccupassero, aveva continuato per anni a mettersi l'uniforme due volte la settimana. Invece che alle riunioni dei giovani hitleriani si rifugiava nella biblioteca comunale. Dove tra l'altro studiava l'inglese.

Nel 1945 era stato anche lui arruolato come tutti i sedicenni ma ormai gli alleati erano vicini. "Quando sentii in lontananza il primo carro armato Sherman, mi nascosi e scappai. In un boschetto nelle vicinanze trovai un nascondiglio dove mi tolsi l'uniforme e tornai un civile." Unico a conoscere la lingua degli occupanti, lavorò come corriere e interprete per gli Alleati e di sera come pianista di piano bar. Una pacchia. Completata da un piccolo ma proficuo mercato nero: vendeva svastiche e altri oggetti devozionali nazisti ai GI in cambio di stecche di sigarette.

Insomma, già allora un originale in piena regola. Che non ha più abbandonato la via traversa, spiazzando ogni volta chi lo voleva incasellare. Rivoluzionario, marxista, umanista, poliglotta, grande viaggiatore. Sembra che Enzensberger abbia imparato di tutto, e non l'abbia mai più dimenticato; come un bambino impara ad andare in bicicletta e non lo dimenticherà più, ha scritto un estimatore per i suoi settant'anni: "Accusarlo di cambiare troppi fronti sarebbe come accusare un ragazzo di aver tradito la bicicletta perché gioca a calcio e a scacchi".[2] "Escapismo, mi gridate / Pieni di rimprovero. / Che altro, rispondo / Con questo tempo da cani! / Apro l'ombrello / E mi levo in aria."[3] Così comincia la poesia *Der fliegende Robert.*

## *Le mode non sono il mio forte...*

Poeta, esperto di comunicazioni di massa, critico letterario, saggista, in gioventù leader del movimento studentesco, fondatore di "Kursbuch", la più importante rivista tedesca del dopoguerra, e più tardi anche editore ("pubblico solo i libri che mi piace leggere e, per quelli che mi piacerebbe leggere ma non ci sono, cerco un autore," è il suo motto), Enzensberger vive a Monaco, capitale della moda e delle mode, nel quartiere di Schwabing, che era stato negli anni sessanta e settanta il centro dei movimenti, delle avanguardie letterarie e dell'impegno, ed è diventato poi il quartiere della New Age.

"Mi piace sentirmi un po' asincrono," ci disse una volta parlando del suo libro *Diderots Schatten*. Erano otto tra saggi e pezzi di teatro, in cui non era facile districarsi fra traduzioni e liberi rifacimenti, elaborazioni e completamenti di opere non finite di Denis Diderot. "Quando ci si occupa di una cosa per molto tempo è come mettere la mano in un guanto. Si ha una sensazione tattile dal di dentro. Una sorta di ventriloquismo," ci spiegò. "Per esempio, nel *Filantropo* (una commedia in cinque atti ricostruita su un originale incompleto) ho fatto prima una traduzione fedele, poi ho elaborato liberamente il testo e infine ho rispettosamente distrutto il modello originario, radicalizzando le storie o sostituendole."

"Non mi era mai capitato di leggere qualcosa di altrettanto ardito, sfacciato, ricco di spirito e immoralmente morale come *Il nipote di Rameau*. Ho deciso con grande piacere di tradurlo." Sembra un'annotazione di Enzensberger, e invece l'ha scritta Goethe due secoli fa. Goethe era stato un lettore assiduo della "Correspondance littéraire" edita dai fratelli Grimm, di cui era uno dei trenta abbonati in Europa e dove furono pubblicate molte opere del filosofo francese. Ammirava Diderot perché, a differenza di altri illuministi, non assumeva i toni dell'implacabile accusatore né aveva la scontrosità virtuosa delle anime belle. *Il nipote di Rameau* e *Jacques il fatalista* furono pubblicati in tedesco prima che in francese e in Francia si diceva che Diderot era un pensatore tedesco. Tanto i Lumi si erano diffusi in Germania prima che le conquiste napoleoniche li screditassero agli occhi dei tedeschi.

Come Diderot, anche Enzensberger ha sempre combinato ambizioni letterarie e filosofiche, arte e morale, interessi politici e sagacia critica. Da dove quest'empatia? "Non sono mai stato alla ricerca di maestri. Diffidavo dei modelli e per questo mi sono sempre tenuto a distanza dalle grandi figure della mia giovinezza, che erano Gottfried Benn e Bert Brecht." Di Diderot disse che l'aveva sedotto la straordinaria mobilità del suo spirito, la sua autoironia. "Era uno spirito refrattario ai sistemi compatti. Lo interessava la realtà com'è e come cambia. Fece delle anticipazioni geniali. Scoprì l'inconscio, per esempio. Ebbe delle percezioni psicoanalitiche che a Voltaire sarebbero state del tutto estranee. Anche nel campo delle scienze naturali ebbe presentimenti che oggi si ritrovano nella biochimica. Dico presentimenti proprio perché Diderot non è un razionalista in senso proprio. Ha un pensiero libero, divagante, sperimentale. Pensiamo a come, nel *Nipote di Rameau*, si mette in discussione, addirittura dalla parte del torto nei confronti di un personaggio dubbio. Rousseau non ne sarebbe mai stato capace. Per Diderot la tolleranza era soprattutto una capacità dialettica, saper capire una cosa e il suo contrario. Ma non era un pensiero debole. Né era indifferenza. Su alcune questioni era intransigente. Non avrebbe fatto compromessi con la censura. Né avrebbe avuto pazienza con i fondamentalisti di qualsiasi credo. E la giustificazione morale gli veniva dal fatto di essere sempre pronto a rivedere la sua posizione. Si occupò di mille questioni, dalle riforme in Russia ai problemi del colonialismo. Criticò acutamente l'espansione coloniale europea e scrisse insieme all'Abbé Raynal una storia delle due Indie. Ma non cercò mai risposte globali che risolvessero tutto."

"*Est-il bon, est-il mauvais*?" chiede Diderot a Jacques nel *Filantropo*, e Jacques risponde: "È come quelli là, come me, come tutti".

Fu anche il primo a organizzare gli intellettuali del suo tempo nella produzione – un'altra ragione che glielo fa sentire vicino: "Io non ho mai fatto parte di associazioni di scrittori. Non perché voglia isolarmi, ma perché credo sia meglio fare qualcosa di concreto, fondare un giornale per esempio; e lavorare con gli altri non perché sono intellettuali ma perché esiste un interesse comune alla produzione. Il resto è retorica". Pochi intellettuali si sottraggono però al desiderio di protagonismo... "Diderot è un esempio. Stava nel suo studio, aveva molti contatti, certo, altrimenti non avrebbe potuto organizzare l'Enciclopedia, ma non è mai stato una star, mentre Voltaire e Rousseau erano veri e propri geni della comunicazione. Non si esponeva proprio per non risvegliare l'attenzione della censura e mettere in pericolo l'Enciclopedia." Anche Enzensberger rifiuta il ruolo dell'intellettuale che dà pareri su qualsiasi questione d'attualità.

Da *Querdenker* autentico, Enzensberger terminò il suo discorso di ringraziamento per il premio Ludwig Börne dicendo che avrebbe devoluto i proventi del premio a un'oscura giornalista che nel giornale berlinese "Taz" scrive di poveri, di immigrati, di prostitute e di vecchi abbandonati negli ospizi. "Non so se abbia mai letto Börne," disse, "ma so che il prezioso dono del pensare con la propria testa non la abbandonerà mai. E questo la rende un'autentica seguace di Börne che affermava: 'Quello che ci manca non è il pensiero ma il carattere'."

# 5.

## Godere delle disgrazie altrui
## *Schadenfreude*

> *Schadenfreude*, la parola più formidabile al mondo.
>
> Bbc

Ecco una parola intraducibile che solo i tedeschi hanno saputo formulare. Alla lettera significa la gioia (*Freude*) delle disgrazie (*Schaden*) che capitano agli altri. "Un sentimento che esiste senza dubbio in molte società, ma che solo in tedesco viene condensato in un concetto, e quindi di colpo canonizzato come una caratteristica quasi normale degli uomini," diceva Norbert Elias.

Certamente un atteggiamento sempre più diffuso. I giornali americani, per esempio, considerano *Schadenfreude* una parola "tutta americana" e il termine è talmente entrato nel linguaggio comune da essere usato persino nella popolare serie di cartoons della famiglia Simpson. Per la Bbc è la parola del secolo, perché esprime "il sentimento più caratteristico dei nostri tempi". Un affare redditizio, come dimostrano innumerevoli trasmissioni televisive in tutto il mondo la cui comicità prende spunto da situazioni di disagio altrui. In Germania è andato in onda per anni il programma *Pleiten, Pech und Pannen* (Al verde, sfigati e nei guai): basava il suo successo su filmini amatoriali in cui i protagonisti si trovano in situazioni che sarebbero potute capitare a tutti, inducendo lo spettatore a compiacersi che non fossero toccate a lui.

Il tedesco poi ha tutta una gamma di vocaboli legati alla gioia, e se molti esistono anche da noi, sono privi però di quell'idealizzazione romantica presente nella lingua tedesca. Mettiamo per esempio *Vorfreude*, l'attesa che precede la gioia. Noi abbiamo la parola pregustare, che nella tradizione cristiana è il teologico *praegustare* le gioie celesti. Ma per i tedeschi *Vorfreude* è quasi una profilassi contro le possibili amarezze della vita. La premonizione che la delusione verrà e che il momento della gioia non sarà quello che ci siamo immaginati. In fondo, perciò, è quasi meglio non provarlo mai. *Vorfreude ist die schönste Freude*, l'attesa della gioia è la gioia più grande, dice il proverbio. Il timore di quello che "potrebbe" succedere d'altronde è un sentimento tipico, espresso, ci mancherebbe altro, da una parola troppo profonda per essere tradotta: *Angst*, che è un'inafferrabile angoscia mescolata a paura; e se l'italiano è abbastanza complesso da avere un termine più o meno equivalente, inglesi e americani semplicemente hanno adottato *Angst* senza tradurlo e senza spenderci ulteriori pensieri.

Prova *Schadenfreude* soprattutto chi è debole, angariato dai potenti, o tale si sente, quando al più forte capita una disgrazia. È un sentimento che è stato spesso attribuito al piccolo borghese tedesco, che per il suo eccesso di deferenza verso l'autorità si è sempre sentito meno libero di quanto non lo fosse veramente. Il *Kleinbürger* tedesco era notoriamente sospettoso della politica, che ai suoi occhi era sempre un affare sporco, timoroso di coloro che stanno in alto, e si sentiva a suo agio solo fra le pareti di casa, in quell'idillio Biedermeier che l'Ottocento contrappose al disordine della modernità che stava arrivando. "Anche quando fanno discorsi sulla libertà, i tedeschi in segreto amano essere in catene," aveva scritto Heine in una satira che suscitò scandalo: equiparava i suoi concittadini all'orso ballerino Atta Troll.

Il successo della "Bild Zeitung", un quotidiano che non ha rivali in Europa con tre milioni e mezzo di copie vendute ogni giorno, è stato in gran parte un successo nel segno della *Schadenfreude.* La "Bild" ha fatto dell'"accanimento" la sua cifra. Basta che si tratti di persone di successo, meglio se di sinistra. Ogni decennio ha avuto le sue vittime: gli attacchi contro Boris Becker, colpevole di passioni per donne immancabilmente dalla pelle scura, oppure contro Özdemir Cem, che oltre a essere un deputato verde era anche il primo turco a sedere sui banchi del Bundestag, ne sono alcuni esempi. Fin dagli anni settanta Heinrich Böll aveva denunciato quel modo di fare giornalismo in un famoso romanzo. "La 'Bild Zeitung' è lo strumento più efficace per perpetuare la forma mentis del *Kleinbürger*," aveva scritto. *L'onore perduto di Katharina Blum* era la storia vera di una ragazza semplice, fidanzata con un giovane sospettato di aver avuto a che fare con la Raf, le brigate rosse tedesche. La "Bild" aveva pubblicato la sua fotografia sotto un titolo a quattro colonne: *L'amante del terrorista.* La vita della ragazza uscì distrutta dalla campagna scandalistica, anche se più tardi le accuse contro il fidanzato si rivelarono infondate.

Senza il sostegno della "Bild", la *Schadenfreude* resterebbe per molti un sentimento privato, inconfessabile. In tedesco – chi l'avrebbe mai detto – non manca la parola: *klammheimliche Freude* è il godimento clandestino delle disgrazie altrui, inconfessabile se non a se stessi. Ma la Germania cambia e il fatto che dopo la riunificazione, nonostante i diciassette milioni di abitanti in più, la tiratura della "Bild" non sia aumentata, anzi sia calata, è un altro segno di questo cambiamento. Oggi, chi voglia trovare il vero *Kleinbürger* conservatore, detto più comunemente *Spiesser*, deve andare in Austria o in Svizzera dove ce ne sono in abbondanza.

## *I dinosauri di Dürrenmatt*

Neuchâtel – La *Schadenfreude* può anche essere di tutt'altro tipo. Apocalittica, metafisica, paradossalmente goduriosa. In questo caso non è diretta contro i potenti ma contro la follia degli uomini. È il piacere di sentirsi confermati nei propri amari convincimenti sull'incompiutezza del mondo e l'indifferenza di Dio. Nessuno l'esprimeva meglio di Friedrich Dürrenmatt. Allo scrittore svizzero-tedesco non dispiaceva affatto esser definito *schadenfroh.* La sua *Schadenfreude* era l'elaborazione in beffa, in scherno, in ludibrio di uno sconfinato pessimismo. Nell'epoca della bomba atomica e delle distruzioni di massa, la commedia era per lui l'unico mezzo per confrontarsi con il mondo. Per avvicinare le sue storie alla vita reale doveva inventarsi ogni volta le soluzioni più cattive – che poi sono anche le più comiche, diceva.

Dürrenmatt sembrava appena uscito da uno dei suoi romanzi: aveva l'aria di uno scienziato matto – o forse troppo saggio per chi gli stava intorno. Lenti spesse, dietro le quali s'intravedevano occhi pieni di malizia e insieme di tristezza, e un sogghigno innocente sulle labbra. Lo incontrammo in occasione dell'uscita del suo romanzo *Justiz*. L'appuntamento era a casa sua, ai margini della foresta sulla montagna sopra Neuchâtel. Vi era andato ad abitare anni prima da Basilea, "nonostante una profonda avversione per la lingua francese, che ancora conservo immutata," disse. Di francese amava solo i vini, che collezionava nella sua cantina dalla quale immancabilmente tirava fuori una straordinaria bottiglia per allietare le interviste, che non gli davano affatto fastidio, precisava, diversamente da quanto accade a molti scrittori. Lui le considerava un modo gradevole di rilassarsi in compagnia pensando a cose più serie.

Era il primo pomeriggio e il sole era appena tornato dopo una giornata di pioggia. Il Chemin du Pertuis-du-sault, dove abitava lo scrittore, era inondato dai rigagnoli che scendevano dalla montagna. Nessuno rispose ai nostri ripetuti squilli. Suonammo alternativamente il campanello della villa e quello della dépendance, situata una cinquantina di metri più in su, camminando in mezzo a veri e propri ruscelli. Il cancello della dépendance era solo socchiuso, ma un pastore tedesco che abbaiava furioso dietro l'inferriata bastava come deterrente. Passò così una mezz'ora. Ormai avevamo scarpe e piedi bagnati. Alla fine non ci restò che entrare. Senza perdere d'occhio per un istante l'animale. E subito ci accolse una voce: era la segretaria che spiegò che lo scrittore quel pomeriggio aveva deciso di lavorare nell'atelier, uno stanzone illuminato da grandi finestre in mezzo al giardino. Di lì non si sentiva né il campanello della villa né quello della dépendance.

Lo trovammo seduto in un'enorme poltrona di cuoio mentre guardava dentro un gran tubo nero puntato sulla finestra. Si dilettava di astrofisica e matematica, ci spiegò, la letteratura non lo interessava più: "Tutte queste storie di matrimoni sbagliati, di complessi psicoanalitici mi annoiano da morire". A un collega che gli aveva chiesto come mai nei suoi romanzi non ci fossero storie di sesso, aveva risposto: "Vedo che lei soffre di complessi sessuali". E l'intervistatore era stato costretto ad ammettere che forse era davvero così.

Sembrò soddisfatto che avessimo superato la prova del cane: "Non fa paura, vero?" chiese. "Per niente," mentimmo con occhi sinceri. La fine del mondo era il suo tema preferito. "L'uomo si trova biologicamente in una stretta. Come i dinosauri che, prima di scomparire dalla faccia della Terra, hanno vissuto centocinquanta milioni di anni." Era convinto che la fine dell'umanità avrebbe avuto luogo per il semplice fatto che gli uomini non sanno prefigurarsela. "I dinosauri volavano, correvano veloci, nuotavano. Anche l'uomo sa fare tutte queste cose, con le macchine, che sono le sue protesi. Una cosa sola i dinosauri non sapevano fare: proteggere le loro uova. Ci sono teorie imponenti sulle catastrofi accadute nel nostro pianeta al momento della loro scomparsa. Ma la sola che mi convince è che i dinosauri lasciavano le loro uova incustodite. Arrivavano i mammiferi, animali notturni, e se le pappavano. Uova giganti, una vera ghiottoneria."

Anche a lui piacevano le omelette, sogghignò. "Ma forse i dinosauri non avevano scelta. Come può un bestione di trenta tonnellate covare un uovo? C'è sempre qualche specie animale che a un certo punto si trova in una stretta. E oggi è l'uomo. Sappiamo tutto. Siamo pieni di libri che ci spiegano le conseguenze delle armi nucleari, del buco nell'ozono, e come finirà il mondo. Ce ne lamentiamo, ma rifiutiamo di pensare. Pensare fa male." Nei suoi libri, anche l'idillio svizzero sopra il lago di Neuchâtel finisce sempre per tramutarsi in grottesco. "La Svizzera è un paese grottesco," diceva, "la sua neutralità mi fa pensare a una vergine che lavora in un bordello e non vuol perdere la verginità."

La giustizia era l'altro suo tema preferito: "Il destino della giustizia è di applicare regole impotenti a una realtà sfuggente. Più ci si avvicina alla realtà, più questa diventa opaca. Essere giusti sarebbe tutt'altra cosa. Ma non ci è dato". *Justiz* era un giallo, che cominciava però dove di solito i gialli finiscono: con la scoperta dell'assassino. Lì l'assassinio si compie alla luce del giorno, in un affollato caffè di Zurigo. L'autore del delitto è noto a tutti i frequentatori abituali del caffè. Viene arrestato, non nega. La vicenda sembra chiara come il sole, ma per Dürrenmatt non appena si scava un po' dentro la realtà questa si frammenta. Diventa ambigua, opinabile, equivoca. Inaffidabile. Solo la fantasia segue un suo dissimulato schema logico. La logica è una forma colta di follia, diceva. L'assassino del romanzo è un distinto giurista, colto e ricchissimo, deve la sua fortuna a una fabbrica di famiglia che produce armamenti e a una città che produce protesi per feriti di guerra. Viene condannato a vent'anni, ma i giudici non nascondono il loro disagio: "Un assassinio senza movente non sembra un reato contro la morale, ma contro la logica". Dalla prigione, il condannato manda a chiamare un giovane avvocato ansioso di successo e gli affida l'incarico di indagare sul suo caso partendo dall'assunto che non sia stato lui a uccidere: "Voglio dimostrare per quali motivi l'uomo fa il male. L'uomo è manipolabile, abbindolabile, irretibile, cade in qualsiasi trappola. Non si accorge quando si sta giocando con lui. Non capisce quello che l'altro vuole". Per questo, ridacchiava, le utopie non avranno mai senso.

## *Il re dei falsari*

La *Schadenfreude* di Edgar Mrugalla era un sentimento in speme. La pregustava, con buone ragioni bisogna dire, aspettando che finissero in manette quei mercanti d'arte che, dopo avergli pagato poche centinaia di dollari per i suoi falsi, li avevano venduti ai musei per miliardi. Millecinquecento dei suoi falsi sono ancora "per strada", *unterwegs*, dice lui come se fossero delle persone. Intanto, finiti i guai giudiziari, ha messo su una scuola per imparare a falsificare quadri. "La differenza tra un mio falso e un quadro autentico non la nota neanche il direttore di un museo," vanta sul suo sito web.

Lo avevamo incontrato per la prima volta dieci anni fa, nel suo laboratorio nel paesino dello Schleswig-Holstein dove tuttora abita. "Volete sapere come si fa un'incisione di Rembrandt? Oppure un Picasso?" ci aveva chiesto. Edgar Mrugalla era il falsario d'arte del secolo, l'uomo che aveva copiato o falsificato almeno cinquanta pittori, dai fiamminghi ai classici e che, raccontando tutto alla polizia, aveva fatto tremare i più rispettabili galleristi tedeschi. Ci mostrò con molta amabilità le tecniche raffinate con le quali per anni aveva gettato sul mercato duemilacinquecento opere per un valore stimato, all'epoca, di quindici miliardi di vecchie lire.

Quello che evitò di sottolineare, semmai, era l'uso che faceva della fotocopiatrice, con la quale riusciva a sfornare un Picasso in mezz'ora. Il procedimento era ingegnoso: prendeva il catalogo di una mostra di Picasso e fotocopiava al rovescio su un foglio trasparente l'immagine che voleva copiare. Con uno speciale solvente e con l'aiuto di una lametta faceva sparire tutti i puntini e i grani che avrebbero rivelato la fotoriproduzione. Poi preparava una perfetta lastra litografica da cui usciva un prodotto che nemmeno un grande esperto era in grado di distinguere da un Picasso autentico. I singoli fogli così preparati avevano raggiunto sul mercato un valore di centoventimila euro. Un ingegnere di Hannover si era mangiato una cospicua eredità comprando trentasei autentici Picasso-Mrugalla. Alcuni erano arrivati fino a Sotheby's, altri erano stati esposti alla mostra dei grandi maestri del Novecento in un museo dello Schleswig-Holstein.

La produzione di lito come in una catena di montaggio era stata l'ultima sua brillante invenzione: un divertissement accanto a tutte le sue altre attività di pittore copista. Di falsari d'arte del suo livello ce ne sono stati forse solo altri due nel Novecento: il grande Lothar Malskat e l'inglese Tom Keating, che però impiegò ventitré anni per produrre quello che Mrugalla aveva fatto in meno della metà. Prima di cominciare con le litografie Mrugalla aveva fatto oli, acquerelli e pastelli.

Ma da quando ebbe l'idea della grafica iniziarono i guai. Il mercato fu intasato d'un colpo di Käthe Kollwitz, di Picasso, di Otto Müller. La famosa galleria Kornfeld e Klipstein di Berna si vide arrivare in un solo giorno otto fogli di Käthe Kollwitz. Prima di allora era andato tutto liscio per i galleristi che avevano guadagnato milioni. Erano una vera e propria mafia, racconta. "Se fossi stato un professore, un ricco collezionista, avrei potuto falsificare qualsiasi cosa e nessuno se ne sarebbe accorto. Come David Stein che ha falsificato l'iradiddio perché era ricco e aveva in casa la grande collezione del padre." Ma quanti falsi circolano nei musei? "Dal 60 al 70% di quello che si trova sul mercato è falso." Del resto la cosa non è nuova. Ci sono i famosi settanta acquerelli di Kandinskij che Nina Kandinskaja autenticava o no a seconda dell'umore o dei duemila dollari che le venivano versati.

In Germania intere collezioni sono andate perdute durante la guerra. È facile riesumarle, spiegò. "Ci sono splendidi libri illustrati, cataloghi bellissimi che si possono comprare." Riprodurre i colori esatti di un quadro non è difficile. C'è un certo signor Kremer nella Germania meridionale che non fa altro che preparare i pigmenti dei grandi maestri. Spesso un quadro viene rubato solo per stabilire l'esatta composizione del colore usato dal pittore.

Se questa corrisponde, chi può dire che un Van Gogh è autentico e un altro è falso?

In gioventù Mrugalla era stato un semplice fuochista su una linea di navigazione interna della Repubblica democratica tedesca. Arrivato nell'Ovest, uno dei suoi primi capolavori fu un piccolo paesaggio berlinese del pittore Ury. Lo vendette a un noto personaggio del mondo antiquario berlinese, Karl Heine Üdiger, detto barone von Trammingen. Üdiger da quel momento comprò e rivendette tutto ciò che Mrugalla gli consegnava: perfino sei ritratti su cartone di Baluschek, pittore di ambienti operai berlinesi, perfino un olio di Max Beckmann. Il quadro, raffigurante due donne (una era la madre di Mrugalla), restò esposto a lungo nel Museo Böhan.

"Saper vedere, questo è il segreto, ci vuole occhio per distinguere un blu oltremarino da un normale blu di Prussia. Io ce l'ho. Per questo ho potuto dipingere di tutto, Käthe Kollwitz come Liebermann, Munch o Schiele. Quando un pittore mi piace m'immedesimo. La difficoltà varia, naturalmente. È più facile copiare Rubens che Picasso perché Rubens lo si può copiare molto lentamente, mentre con Picasso è come caricare un fucile e sparare. Tutto deve essere perfetto al primo colpo." Vendeva i suoi quadri per pochi soldi, e chi ci guadagnava erano gli altri. Innocente lo riconobbero anche i giudici di Berlino che lo processarono. Dopo otto anni di indagini fu assolto. Ma intanto era circolata la voce della sua straordinaria abilità.

Dei millecinquecento falsi che sono ancora *unterwegs* dice di non avere idea di dove siano finiti. Chissà se al Grand Palais, alla grande mostra su Beckmann, ce n'è qualcuno, ridacchia quando lo risentiamo al telefono. *Unterwegs* ce ne sono millesettecento, dice, perché duecento li aveva già fatti prima, quando era nella Germania Est. La Stasi glieli aveva commissionati e c'era poco da scherzare. Attraverso mediatori in tutto il mondo dalla Germania Est i quadri erano finiti a caro prezzo nelle più grandi gallerie occidentali. "Ora si sono volatilizzati, come i mercanti."

## 6.

## La solitudine a due
## *Zweisamkeit*

> Poi il Signore Dio disse: "Non è bene che l'uomo sia solo".
>
> *Genesi* 2,19

Per inventare una parola del genere bisogna essere eccellenti osservatori della natura umana. Ci troviamo di fronte a uno dei piccoli capolavori di analisi dei comportamenti umani che contraddistinguono la cultura tedesca. Mai come in questo caso si tratta di un comportamento veramente universale. È il sentimento più antico del mondo: la coppia, l'amore, l'essere in due, il chiudersi in un mondo in cui solo l'altro conta, il senso di completezza nel dividere con l'altro un'unica sfera, l'isolamento della coppia dal resto del mondo... Possibile che nessun altro abbia pensato di dare un nome a questa "dualità"? I tedeschi naturalmente l'hanno fatto, chiamandola *Zweisamkeit*, "dualitudine". Come suono e come costruzione morfologica il termine riprende la costruzione di *Einsamkeit*, la solitudine, che in italiano è un'estensione del concetto di "solo" e in tedesco di quello di "uno" (*eins*). Ma la lingua tedesca, nella sua passione tassonomica, va oltre e crea una parola che ricorda come suono la solitudine, ma è una "solitudine a due", una dualitudine, appunto. Il rapporto di coppia del resto è stato sempre giudicato più importante nei paesi protestanti che in quelli cattolici. All'interno della famiglia, i primi mettono al primo posto il coniuge, mentre per i secondi prevalgono i figli. Un sondaggio condotto dal settimanale "Die Woche" lo confermava: per il 33% dei tedeschi il compagno o la compagna sono al primo posto nella scala dei valori, mentre i figli risultano al secondo posto (29%). I figli vengono accuditi finché sono bambini e "appartengono" alla coppia, ma già a partire dall'adolescenza inizia il distacco. L'isolamento della coppia è più frequente in Germania che da noi perché meno frequenti tra i tedeschi sono le riunioni familiari allargate, le interazioni informali con gli amici.

Di vita a due si parla di nuovo molto di questi tempi e secondo la stampa tedesca è in aumento tra i giovani un desiderio di legami stretti. Le nuove unioni dei vecchi cancellieri, da Helmut Kohl all'ormai nonagenario Helmut Schmidt, sono popolari e il concetto utilizzato è immancabilmente quello della *Zweisamkeit*. Qualche anno fa lo "Spiegel" dedicò alla *Zweisamkeit* una storia di copertina notando che persino gli omosessuali, un tempo orgogliosi di non sottostare a un'istituzione "borghese" come il matrimonio, erano felici di sposarsi. La dualità indistruttibile è tutto quello che resta quando valori di rilievo come la patria sono diventati virtuali, la chiesa non ha più il posto che aveva, l'economia è globalizzata e le insicurezze aumentano. Una trasmissione televisiva tedesca aveva indetto una gara di *Zweisamkeit* in cui una coppia doveva superare una prova curiosa: rimanere ammanettata per una settimana intera. Quando lui si radeva la mattina, lei gli passava il rasoio, quando lei usciva per buttare la spazzatura lui le apriva il bidone, insieme dovevano suonare la chitarra, lei componendo gli accordi mentre lui eseguiva gli arpeggi. I due fidanzati che vinsero il viaggio premio offerto dal canale televisivo hanno giurato che non avrebbero mai più ripetuto l'esperimento.

La "dualitudine" può esserci in politica. *La solitaria Zweisamkeit di Bush e Blair* titolava lo "Spiegel" quando i due erano rimasti soli nel volere la guerra contro l'Iraq. Celebri sono diventate le coppie di dittatori: Nicolae ed Elena Ceausescu, Margot ed Erich Honecker, Slobodan Milošević e Mira. Il dittatore, scrive il sociologo Volker Elis Pilgrim in un libro sulle donne dei nazisti, ha bisogno di una donna che gli funga da specchio facendogli vedere la realtà che vuole vedere.[1]

## *Lo scrittore e l'adultera*

Il più interessante modello letterario di *Zweisamkeit* ce l'ha dato Uwe Johnson, che ha trasformato il suo rapporto simbiotico privato in un'epopea. *I giorni e gli anni* è la storia minuziosa, in tanti capitoli quanti sono i giorni dell'anno, della moglie Elizabeth, che nel libro si chiama Gesine. Da New York, dov'è ormai trapiantata, Elizabeth/Gesine racconta alla figlia la vita nel Meclemburgo durante la Repubblica di Weimar, contrapponendo a quegli anni la guerra in Vietnam e la ribellione giovanile del '68.

Johnson era un uomo estremamente schivo. Se capitava che accondiscendesse a concedere con riluttanza un'intervista, praticamente obbligato dalla casa editrice, l'intervistatore poteva contare su risposte che erano solo variazioni sul tema: "Un incontro con l'autore non è necessario per comprendere la sua opera". Se poi ci si avventurava a chiedergli un'opinione, o a indagare sui suoi sentimenti personali, sul Muro, sulla Germania divisa, lui che in tutti i suoi libri aveva descritto l'attraversamento del confine come un'esperienza di lacerazione, rispondeva con un secco: "Sono faccende private". Al massimo, se proprio era di buon umore, e gli chiedevi il perché del suo esilio in Inghilterra, in un'isola semidisabitata sul Tamigi, borbottava: "A causa di un malinteso esclusivamente personale di cui non ho intenzione di parlare".

Quando lo incontrammo, in un caffè di Berlino, i primi quaranta minuti del colloquio trascorsero in inutili tentativi di farlo uscire dal mutismo. L'occasione dell'intervista era la pubblicazione di un suo nuovo libro, un volumetto di un centinaio di pagine dal titolo *L'infortunato*. Al posto del quarto volume de *I giorni e gli anni*, atteso con ansia da quasi un decennio dai suoi lettori (come dall'editore Suhrkamp che continuava a versargli un anticipo mensile), dopo anni di silenzio era uscito questo curioso volumetto. Conteneva una spiegazione del lungo silenzio. Era "un testo segreto," aveva annunciato la casa editrice. Poco prima della pubblicazione lo scrittore, durante un ciclo di lezioni all'Università di Francoforte, aveva fatto una rivelazione stupefacente per lui che era così riservato. Se il quarto volume de *I giorni e gli anni* non è uscito – aveva detto agli studenti –, la ragione era che nel 1975 era venuto a sapere che la moglie "Gesine" lo tradiva, fin dall'inizio del matrimonio, "con un agente segreto di un paese nemico e fascista". La scoperta lo aveva gettato nella depressione, provocando in lui "una capitolazione del corpo di fronte alle coronarie". In altre parole, aveva avuto "il blocco dello scrittore".

In realtà, la moglie di Johnson si chiamava Elizabeth, e Gesine era la protagonista de *I giorni e gli anni*. Anche nel nuovo volumetto la protagonista si chiamava Gesine, e la storia era quella di uno scrittore, dal nome significativo di Hinterhand (colui che gioca l'ultima carta), nato come Johnson nel Meclemburgo, ma vent'anni prima di lui. Trovatello come lo scrittore, anche Hinterhand era vissuto di qua e di là presso genitori adottivi temporanei in case prive di affetto e a vent'anni si era innamorato, "al primo e ultimo sguardo", di una ragazza diciannovenne, Gesine appunto. Hinterhand dedica a lei il suo primo libro, con lei pensa di trascorrere "una vecchiaia insieme", fino alla fine della vita. A lei consegna "quello che un tempo si chiamava anima".

Dopo quattordici anni di matrimonio il signor Hinterhand viene a sapere che la moglie lo tradiva con un italiano, "un fascista" (siamo alla fine degli anni trenta). "Nel momento in cui si rese conto che gli era stata recitata una vita vera nel mezzo di una vita falsa la sua coscienza si arrestò, si bloccò – sigillate le riserve della memoria. Avvelenate. Invalidate," scrive Johnson. Nel romanzo il signor Hinterhand sconta quattordici anni di carcere per aver ucciso l'adultera Gesine e muore nel 1975. L'anno in cui nella vita reale lo scrittore scoprì, o immaginò di scoprire, che la moglie lo tradisse.

Ma Hinterhand, chiedemmo alla fine, stufe delle risposte a monosillabi, almeno dopo il tradimento si è reso conto che il suo concetto d'amore simbiotico poteva essere sbagliato? Che la dipendenza non ha mai fatto bene a nessun legame sentimentale? Erano tempi di femminismo militante e la domanda ci sembrava naturale. Ma Johnson scattò come se fosse stato morso da una tarantola. Invece dei monosillabi ci investì con un torrente di parole in cui si confondeva con il suo personaggio e poi ritornava l'autore, in un accavallarsi continuo di biografia e finzione. "Non si trattava di dipendenza. Si trattava di simbiosi concordata. Ebbene sì, la simbiosi può essere concordata: così pensavo. Voglio dire, così pensava Hinterhand. Pensavo: se io amo questa persona e faccio per lei quello di cui lei ha bisogno... E invece, lui si accorge poi che gli ha mentito per vent'anni. Simbiosi non è un concetto che mi sono inventato a tavolino. Il signor Hinterhand lo aveva messo in pratica insieme con l'altra persona, che sempre gli aveva fatto credere di essere d'accordo con lui su questo modo di intendere la vita di coppia. Ogni riga che scriveva, la raccontava la sera a quella donna che considerava la propria donna. Se non le fosse andato bene, se si fosse sentita sfruttata, se la dipendenza le fosse pesata, non aveva che da dirmelo. Pensava lui."

Ma quale donna della generazione di Gesine aveva tanta autonomia da decidere di non subire la dipendenza? Quest'osservazione gli sembrò davvero troppo. Si alzò di scatto e se ne andò. Tornò dopo qualche minuto, perché aveva dimenticato l'impermeabile. Fece un leggero inchino: "It was a beautiful meeting," disse. Come Humphrey Bogart in *Casablanca.*

Morì l'anno dopo. D'infarto, d'alcol, di disperazione. La moglie aveva preso casa vicino a lui, nella speranza di aiutarlo, ma lui si era chiuso nella sua delusione. Il sollievo che sembrava avergli arrecato la scrittura de *L'infortunato* era stato di breve durata, anche se gli aveva permesso di portare a termine il quarto volume della quadrilogia e perfino di fare qualche lettura pubblica del testo ancora non terminato. In Germania, allora, era consuetudine che gli scrittori leggessero in pubblico i capitoli dei testi che stavano scrivendo. L'usanza finì per lo strapotere dei critici letterari tedeschi che potevano distruggere un libro prima ancora che uscisse.

## *Solitudine in verde*

Una *Zweisamkeit* politica fu quella che unì la fondatrice dei Verdi tedeschi Petra Kelly e il generale Gert Bastian che con Petra compì un radicale cambiamento di carriera, da militare a pacifista. "La cosa che mi ha più colpito della loro morte è che per settimane nessuno si era accorto della loro assenza," disse Otto Schily quando arrivò la notizia che erano stati ritrovati morti nel loro appartamento di Bonn. Schily e Petra Kelly erano stati i due portavoce dei Verdi tedeschi negli anni gloriosi in cui il movimento ecologista aveva fatto irruzione nel panorama opaco e serioso della politica tedesca, portandovi virulenza giovanile e la novità della politica spettacolo.

La storia politica dei Verdi aveva avuto poi molti alti e bassi. Nel 1992, quando morirono Petra Kelly e "il suo generale", i Verdi non erano nemmeno riusciti a entrare in Parlamento. Ma loro due si erano ritirati dalla politica già prima, in polemica con la famosa "rotazione" delle cariche che la base verde imponeva ai suoi vertici secondo il principio: non fidarti di nessuno per più di due anni.

Vivevano isolati, dimenticati, in una Bonn sempre più marginale. Occasionalmente lei compariva in qualche talk show televisivo ed era forte la tentazione di cambiare canale, tanto sembrava un viso obsoleto, l'immagine di una Germania definitivamente scomparsa: una Germania che avendo paura di se stessa e del proprio passato voleva essere *sanft* – dolce, umana, e prendersi cura di tutti coloro che nel mondo erano bisognosi o privati dei loro diritti. Forse se ne rendeva conto anche lei, tanto che poco prima aveva troncato all'improvviso un contratto con Sat 1, dove conduceva settimanalmente un programma sull'ecologia.

Chi manifestava più per il Tibet, contro le miniere d'uranio in Australia, o perché non andasse persa la memoria del bombardamento di Guernica? Prima, nel periodo in cui Petra Kelly era stata parlamentare, fino al 1987, a Bonn c'era una manifestazione al giorno di questo tipo, sempre le stesse centocinquanta persone e sempre lei sul palco: i turchi, i curdi, il nitrato nell'acqua, l'amianto negli asili, il piombo nel latte materno, l'apartheid. Una volta le chiedemmo quale efficacia potevano avere queste azioni. Rispose: "Per me la politica è come una piazza dove io ho una piattaforma per dire le cose, a voce alta e in modo chiaro. Questo è il primo passo per cambiarle. L'opposizione nasce dalla strada. A condizione di non accettare mai alcun compromesso e di non aver riguardo per nessuno, partito o gruppo che sia".

Lei infatti, diversamente da molta sinistra, non dimenticò mai i diritti di chi veniva oppresso dai regimi comunisti. Manifestò sulla Piazza Rossa contro Honecker per i pacifisti della Germania Est. Il suo "sogno verde" era un mondo della morale militante, un nuovo ordine planetario le cui regole dovevano essere osservate da tutti. Questo comportava una condizione permanente di tensione, di rabbia, che le dava quell'aria isterica e allo stesso tempo gentile. Era mite nei rapporti privati, dura e autoritaria in quelli politici. Ogni sera attraversava il piazzale del Tulpenfeld, la piazza Montecitorio di Bonn, curva sotto il peso del borsone sovraccarico che portava a tracolla, accompagnata da Gert Bastian. Andavano immancabilmente a consumare una cena spartana nel ristorante della piazza, che i corrispondenti italiani chiamavano "Turpenfeld" per il suo cibo e la sua bruttezza. Era stato costruito negli anni sessanta in nome di una Germania penitente e – coincidenza simbolica – chiuse i battenti proprio il giorno della riunificazione tedesca.

Nella sala semibuia, loro erano i soli avventori. Di sera giornalisti e parlamentari schivavano quel ristorante in cui erano costretti a mangiare qualcosa a mezzogiorno per mancanza di alternative. Petra e Bastian mangiavano in un tavolo d'angolo la "minestra del giorno", lei parlando e gesticolando senza interruzione, lui ascoltando attento. Li aveva uniti la battaglia contro gli "euromissili" che spaccò la

Germania all'inizio degli anni ottanta e permise a Helmut Kohl di sottrarre il governo al cancelliere Schmidt. Petra era stata da sempre un'avversaria della deterrenza nucleare. Il generale Bastian invece era stato comandante della dodicesima Panzerdivision dell'esercito tedesco e politicamente vicino ai cristiano-democratici. Ma si era convinto che gli euromissili imposti da Washington fossero un errore e un pericolo, e insieme ad altri generali in pensione aveva firmato un clamoroso appello per chiedere a Schmidt di rifiutare che venissero installati in Germania.

Fino a oggi non è mai stato chiarito che cosa sia successo in quel giorno di ottobre nell'appartamento di Bonn. Non sono state trovate tracce di presenze estranee. Si sapeva che Gert soffriva di depressione. Per lei aveva rinunciato a tutto e passava le giornate a farle da padre, da marito e da segretario. Pochi mesi prima della morte era stato investito da un taxi mentre comprava delle banane per Petra che, si giustificò, non aveva mangiato nulla in tutto il giorno.

# 7.

# Il confronto con il passato
## *Vergangenheitsbewältigung*

Chi salva una vita umana salva un intero mondo.

*Talmud*

Questa è la lettera inedita scritta nel 1945 da un marito, un avvocato tedesco, cristiano, che viveva a Berlino con la moglie Hanne. Una famiglia prussiana come molte altre, di buone letture e buone frequentazioni, se non fosse stato che Hanne era ebrea. La loro era una *Mischehe*, come veniva chiamato secondo la terminologia nazista un matrimonio misto ariano/ebraico.

La nostra partenza per la Svezia nella primavera del 1939 era praticamente cosa fatta. Avevo già in tasca un contratto che ci avrebbe garantito un minimo di sopravvivenza per i successivi tre anni. Ma Hannelore non volle assolutamente partire: non voleva che rinunciassi a tutto quello che avevo costruito nella vita, non per causa sua. Eppure era appena riuscita a superare la grave crisi psicologica in cui l'aveva gettata l'obbligo di cambiare nome [le donne ebree furono obbligate a chiamarsi "Sara" e gli uomini "Israel"; *N.d.R.*], cosa che per lei significava anche il definitivo declassamento del nostro matrimonio. Da allora vicino a lei era come se vi fosse un fantasma che in ogni momento poteva diventare reale. Da allora la nostra vita verso l'esterno fu solo apparenza. Agli occhi di un estraneo cosa cambiava infatti? Niente. Il mio studio legale andava ottimamente e anche il ritmo familiare seguiva l'andamento consueto. Anzi, fummo rallegrati dai giorni indimenticabili del matrimonio di Elizabeth, durante i quali passammo momenti di armonia, gioia, felicità, tranquillità e benessere, giorni in cui riuscimmo perfino a dimenticare la nostra

sofferenza interna. Poi vennero i giorni del nostro viaggio in Inghilterra, mentre le nuvole minacciose della guerra già ci sovrastavano.
L'importante era non farsi annientare. I divieti di andare a teatro e a concerto, di mettere piede nel quartiere governativo, di lasciare Berlino, di comprare nei negozi e di andare al mercato non li rispettavamo. Tutto questo era possibile solo perché nel nostro quartiere, dove tutti sapevano di noi, non c'era gente che ci invidiava, non avevamo nemici, neanche tra le persone di servizio. In questa nostra piccola comunità alla legge ufficiale della diffamazione si rispondeva con una legge non scritta della dignità umana e della solidarietà. Noi da parte nostra seguivamo la regola di non dare nell'occhio e di rimanere quelli che eravamo sempre stati. Solo quando viaggiavamo era spiacevole ingannare i funzionari per sfuggire ai controlli su Hanne. Se ce la siamo sempre cavata è stato un miracolo. Non ci siamo mai abituati a essere degli orgogliosi delinquenti che non rispettano le leggi. Devo anche dire che abbiamo avuto un'enorme fortuna con i piccoli caporioni di partito. Il nostro *Blockwart* [la persona incaricata dal partito nazista di controllare un quartiere; *N.d.R.*] per tutti quegli anni aveva taciuto la nostra presenza ai suoi superiori.

Solo nel 1942 le cose si sono fatte veramente serie, perché vennero prese misure alle quali era impossibile non sottostare. Heinrich, il nostro ultimogenito, era della classe che doveva lasciare la scuola. Gli facemmo saltare un anno. Vivevamo soprattutto per guadagnare tempo. L'anno successivo però dovette lasciare il ginnasio. Dopo fu inevitabile che andasse a lavorare nella fabbrica di armi di Rhodia Seta, in cui riuscimmo a metterlo sotto la protezione del direttore Linnemann. Stava bene nonostante il duro lavoro giorno e notte e imparava molto per la vita. La nostra secondogenita Effi non ricevette l'autorizzazione a iscriversi all'Alta scuola di musica, ma frequentò come auditrice il conservatorio, sebbene non avesse il diritto di sostenere gli esami. Però aveva il coraggio di suonare insieme agli altri nei concerti della scuola.
Nel frattempo erano iniziati gli arresti e le deportazioni. Per i matrimoni come il nostro fu l'ora dei trasferimenti coatti. Siccome noi, grazie al nostro *Blockwart*, non eravamo registrati da nessuna parte, all'inizio fummo risparmiati. Ma la paura

l'avevamo come gli altri. E non era solo paura: nell'ottobre del 1944 fummo chiamati a registrarci. Seguì l'ordine per me e per Hanne di andare ai lavori forzati. Vi parlerò poi di tutti i trucchi che dovetti inventarmi per rimandare la data del temuto servizio nelle miniere sotterranee o nelle fabbriche. Mi furono d'aiuto anche alcuni certificati medici e una vera polmonite che mi ero preso. Deve esistere una legge della resistenza naturale contro l'assurdità. Con la maggior parte delle persone, le argomentazioni umane e sensate continuavano a valere, nonostante tutti gli ordini e tutto il terrore. A mano a mano che le leggi diventavano più folli e disumane, diventava più evidente la loro inutilità e meno persone riuscivano a identificarsi completamente con esse. A ogni nuova norma seguivo tutte le istanze, fino agli stessi leoni della Gestapo. Non volevo rimproverarmi di aver lasciato qualcosa di intentato. Alla Gestapo però ogni compiacenza finiva. Se da altre parti trovavo comprensione e assistenza a guadagnare tempo, qui non c'erano persone ma cani rabbiosi. Non soltanto mi respinsero, ma mi inondarono di scherno e sarcasmo. Con questi personaggi non c'era possibilità di confronto. Sulla questione della razza erano sordi in partenza, urlavano e diventavano rossi in faccia.

Il problema più grande era quello della sicurezza di Hanne. A Vienna e sul Reno le coppie come noi erano già state arrestate, a Baden c'erano state espulsioni e deportazioni. Anche a Berlino si diceva sempre che misure del genere fossero imminenti. Nel marzo 1943, ci giunse voce di una deportazione. Non dimenticherò mai quella notte. Nei giorni successivi vennero arrestati tutti i componenti non ariani dei matrimoni misti, ma dopo uno o due giorni di detenzione indegna furono rilasciati. Anche Hanne tornò presto a casa. Ma il gioco del gatto e del topo proseguì. Hanne aveva una valigetta sempre pronta per la partenza e avevamo preparato anche un nascondiglio. Se Hanne nel 1938 con i primi attacchi aveva quasi perso ogni coraggio di vivere, adesso era più decisa che mai a non dargliela vinta. Quando uno pensa a come eravamo allora! L'animo riceveva in continuazione frustate, le voci, le sofferenze di chi era duramente colpito e le nostre paure, i mezzucci che dovevamo adottare e il lavoro di tutti i giorni che continuava imperterrito, la casa sempre piena di gente che aveva bisogno di un tetto a Berlino per essere vicino ai parenti in

prigione, il tutto mantenendo un contegno e un viso sereno verso l'esterno, mentre si intensificavano gli attacchi aerei... è difficile immaginare che la vita fosse ancora tollerabile. Fino al 15 febbraio 1944 avevamo sopportato i bombardamenti restando nella nostra casa. Quella notte però ci fu un poderoso attacco sul Westend e decidemmo di andare al bunker a sei minuti da casa. Lì si stava più o meno piegati, ammassati insieme a molte persone, ma con uno strato di 1,60 metri di cemento sulla testa. Le bombe si sentivano poco. Dal punto di vista dei nervi e della sicurezza il bunker era da preferire, anche se per arrivarci per tempo dovevamo istituire un servizio di guardia. Alzarsi, vestirsi, aprire tutte le finestre (solo così i vetri potevano salvarsi dalle detonazioni) e arrivare fino al bunker era un'operazione che ci prendeva venticinque minuti, ma la sirena si sentiva solo quindici minuti prima dell'attacco. Quindi dovevamo ascoltare il servizio radio che dava le notizie sugli attacchi aerei. Di giorno si aveva più tempo, ma i Mosquito di notte erano fulminei. In tutta quella follia si poteva mantenere la fiducia e la fede solo quando, nelle notti più calme, guardando il cielo si vedevano, nello stesso ordine di sempre, la bellezza e la luce delle stelle. Il 22 aprile 1945 andammo nel bunker per l'ultima volta. Dalla collina su cui si trovava, osservavamo l'anello dell'assedio alla parte ovest di Berlino diventare sempre più piccolo. Visto oltretutto che i bombardamenti anglo-americani erano finiti, decidemmo di aspettare il seguito a casa nostra. C'erano altre nove persone con noi nella nostra cantina. Martedì primo maggio alle sei di mattina arrivò la prima pattuglia russa. Alle nove già venti uomini erano entrati in casa. Staccarono il nostro telefono e ne attaccarono un altro. Gli ufficiali mi chiesero di dare indicazioni sulla cartina di Berlino. Alle undici il telefono era stato ricollegato ed erano scomparsi tutti. Quello che seguì fu molto più spiacevole. Ogni due o tre ore arrivava una nuova pattuglia russa e ognuno prendeva quello che voleva. Effi rimase nascosta dietro una poltrona.
Fu una fortuna essere andati via dal bunker: quando venne la "liberazione" gli uomini che si trovavano nel bunker furono portati via (ancora oggi non sappiamo niente di loro) mentre le donne e le ragazze dovettero subire inermi la soldatesca vincitrice.
E di tutto questo dobbiamo ringraziare una sola persona: Hitler.

Per anni si è detto che il passato non passa in Germania. Prima i tedeschi avevano tentato di ignorarlo, di rimuoverlo. A un certo punto per dimenticare il "tedesco cattivo" i nazisti furono perfino cancellati dai film, come nelle prime versioni tedesche di *Casablanca*. La gente voleva ricostruire, vivere, non ricordare. Solo alcuni intellettuali come Alexander e Margarete Mitscherlich denunciavano "l'incapacità di portare il lutto" per i crimini commessi.

Nella Germania comunista le cose erano apparentemente più semplici: il passato era stato liquidato come qualcosa che non apparteneva alla Ddr, il Muro di Berlino (costruito il 13 agosto 1961), nel linguaggio della dittatura comunista, era un "muro di protezione antifascista". All'Ovest una seria riflessione sul passato arrivò con il '68. "Non ti fidare di nessuno che abbia più di trent'anni," dicevano i giovani, e in Germania la ribellione studentesca prese il senso di una domanda rivolta ai padri: come avete potuto lasciare che questo accadesse? Ma fu solo dieci anni dopo, con lo sceneggiato televisivo americano *Holocaust*, che il grande pubblico si sentì obbligato a un esame di coscienza. Cominciò da quel momento una riflessione sul passato alla quale i tedeschi ancora una volta hanno dato un nome difficile: *Vergangenheitsbewältigung*. La parola nacque negli anni cinquanta, ma diventò di uso comune solo vent'anni dopo. Significava confrontarsi con il passato, ma conteneva anche l'aspettativa di poterci mettere una pietra sopra.

Compiuta con l'abituale metodicità tedesca, la *Vergangenheitsbewältigung* è diventata parte della vita di ogni giorno. Onnipresente nei programmi scolastici, nelle terze pagine dei giornali, nei dibattiti televisivi e alla Deutschlandfunk che ha dedicato per anni un quarto d'ora tutti i giorni, in una fascia oraria di grande ascolto, alla memoria delle responsabilità storiche. La riunificazione della Germania ha intensificato questo processo. Non è un caso che, solo dopo la riunificazione, Berlino abbia costruito un museo ebraico, un progetto che risaliva agli anni sessanta. La pietra sopra però i tedeschi non hanno potuto mettercela, come si è visto in questo periodo di crisi finanziaria in cui sono stati sorpresi dal rinascere di sentimenti antitedeschi nei paesi dell'Europa che avevano bisogno del loro aiuto.

L'unificazione ha anche aggiunto livelli di complicazione nuovi all'intricato esercizio dell'elaborazione del passato tedesco. La Ddr era stata un *Unrechtsstaat*, un "non stato di diritto", o uno stato legittimo in cui avvenivano cose contrarie al diritto? Vent'anni dopo la caduta del Muro questa domanda non ha ancora trovato una risposta comune nei due ex stati tedeschi, ed è stato il tema di una variegata memorialistica alla Fiera del libro di Lipsia. Biografie, saggi, diari nati da un senso di "identità Ddr" che paradossalmente era sempre mancato prima. Tanto che Honecker, che per stimolare il patriottismo dei suoi concittadini aveva dovuto far leva sull'"identità tedesca", aveva perfino riportato "il vecchio Fritz" sulla Unter den Linden. Secondo Christian Führer, pastore della Nikolaikirche di Lipsia, nella Ddr si assiste a un fenomeno psicologico analogo a quello nella Germania federale nel dopoguerra: la cesura storica è diventata una censura personale. "Nessuno parla più in famiglia o sul posto di lavoro di com'era la Ddr: probabilmente le persone si vergognano di non aver fatto abbastanza, di essersi adattate, ritirate nella nicchia del privato," ci disse.

Ma allo stesso tempo è rimasta la sensazione di aver perduto qualcosa, un mondo in cui erano in gioco temi veri, politica vera, dove le banalità della vita non erano mai banali perché al fondo c'erano scelte decisive, libertà e socialismo. Così è nata l'Ostalgia, la nostalgia della Ddr, che a partire dallo straordinario successo di *Good Bye Lenin!* ha conquistato i ventenni tedeschi dando origine a una valanga di libri di giovani che hanno sofferto in famiglia lo stress del cambiamento. Le tre lettere, Ddr, sono diventate la cifra per un senso perduto della vita, rappresentato da un paese che nel ricordo non appare più imperscrutabile e pericoloso ma utopistico e idilliaco, incredibilmente diverso da quello di oggi, invaso dai supermercati e dalle Casse di Risparmio dell'Ovest. Lentamente, però, si comincia a vedere la vita nella Ddr come realmente era, con la continua tensione provocata dal non poter mai essere liberamente se stessi, consapevoli di venire spiati e ascoltati: il film *Barbara* di Christian Petzold con Nina Hoss ne è un magnifico esempio.

### *Un edificio cult per ricordare l'Olocausto*

L'idea era semplice: segnare il ritorno della capitale tedesca a Berlino con una serie di progetti culturali che ricordassero l'Olocausto e gli ebrei tedeschi scomparsi. Uno di questi doveva essere il Museo ebraico. Berlino aveva avuto un Museo ebraico nel 1933, ma già nel 1938 il Museo non esisteva più. Alla fine degli anni settanta l'amministrazione della città aveva deciso che una parte del Museo della città di Berlino sarebbe stata dedicata alla storia degli ebrei berlinesi, ma la delibera restò sulla carta. Solo nel 1989, quando la riunificazione della Germania era ormai alle porte, la si riprese in mano e se ne affidò la progettazione all'architetto Daniel Libeskind, un ebreo americano. Dodici anni dopo l'opera era terminata. Ma cominciava un altro problema. L'edificio di Libeskind raccontava lo sterminio con tale forza che molti si chiesero se fosse possibile pensare a esporvi alcunché. Molti avrebbero preferito lasciarlo vuoto. "È una scultura, non un museo. Uno straordinario memoriale all'Olocausto," disse Julius Schöps, direttore del centro Moses Mendelssohn. Rappresentare il vuoto, l'assenza, imprimerla nelle fibre della consapevolezza umana, era stato infatti il proponimento dichiarato di Libeskind. Ma una scultura può diventare un museo? Si può osservare un oggetto all'interno di un luogo che incute un senso di oppressione, quasi di panico, che è una successione dissonante di vuoti, di torri cieche, di percorsi che conducono nel nulla? Che ha crepe invece di finestre, e piani sbiechi, angoli acuti, e scale buie ripidissime che si fa fatica a salire come si fa fatica a salire la montagna della memoria?

Mentre ci si chiedeva come e se riempirla, per due anni la costruzione di Libeskind rimase vuota. Diventò un edificio cult, una meta obbligata per tutti coloro che andavano a Berlino. Quattrocentomila visitatori solo nei primi nove mesi. Anche dopo essere stato adibito a museo vero e proprio, il Museo ebraico è rimasto la tappa di ogni giovane che vada a Berlino. Chi però ha visto l'edificio senza oggetti non ritrova più quel senso di smarrimento che aveva provato. Basta un divanetto per il pubblico per rompere la forza evocativa del vuoto. Michael Blumenthal, ex ministro del Tesoro americano (la famiglia era fuggita da Berlino quando era bambino) e direttore del museo dal 1997, era convinto che non doveva essere un museo dell'Olocausto, ma documentare duemila anni di storia ebraico-tedesca e testimoniare la storia millenaria degli ebrei in Germania: "È questa storia che i tedeschi devono imparare," diceva.

Oggi Berlino ha anche un memoriale dell'Olocausto, un vasto campo di cippi adiacente la Porta di Brandeburgo, e alcuni si sono chiesti se troppi memoriali non potrebbero finire per banalizzare i luoghi della memoria, e forse alla fine la memoria stessa.

Il rapporto fra i ricordi individuali e la storia è complesso e cambia con il tempo. Ce ne vuole perché la memoria diventi possibile, e ancora di più perché possa essere raccontata. Per la prima volta in Germania si è cominciato a parlare delle "vittime tedesche" della guerra, ovvero dei milioni di profughi tedeschi che fuggirono nel 1945 dalle province orientali. Le loro storie oggi possono essere raccontate perché in qualche modo sono state disinnescate della loro esplosività politica. Commuovono, ma non sono più pericolose. Erano rimaste un tabù finché nessuno era sicuro che il revanscismo tedesco fosse stato sconfitto. Oggi molti problemi territoriali sono ormai stati regolati in modo definitivo, osserva Günter Grass, che con il libro *Il passo del gambero* è stato il primo a rompere il tabù. Per esempio tra tedeschi e polacchi. "Ormai anche i polacchi sono cambiati," dice lo scrittore, premio Nobel, che si è sempre adoperato per la riconciliazione di Germania e Polonia. Parlavano di "territori polacchi riconquistati" pur sapendo che in quei territori i tedeschi avevano vissuto per secoli.

Sulla scia di *Schindler's List* – che in Germania è stato visto da tre milioni e mezzo di persone nel primo mese – sono usciti ora anche moltissimi libri e film che ricordano i "tedeschi buoni". Gli "eroi silenziosi", li chiama Inge Deutschkron in un libro dal titolo omonimo che racconta la sua storia di ebrea salvata da un artigiano berlinese, un fabbricante di scope che la nascose nel suo laboratorio insieme ad altri trenta ebrei. Oppure storie di vita di persone che certo non furono vittime del nazismo ma forse nemmeno complici. Artisti che dal nazismo ricevettero onori e riconoscimenti, anche se personalmente non fecero nulla contro gli ebrei. Come Wilhelm Furtwängler, grandissimo direttore d'orchestra ma anche colui che aveva diretto un concerto per Hitler il giorno del suo compleanno. Innocente o colpevole? Dove finisce la responsabilità individuale, si chiede il film *A torto o a ragione* che racconta la sua vita.

I giovani tedeschi leggono questi libri, vedono questi film, non riescono a capire come i loro nonni abbiano potuto essere così malvagi, o stupidi, o pericolosi. Loro comunque hanno tratto una lezione: l'aggressione militare è un male. Punto.

## *Grass e il passo del gambero*

Nell'inverno del 1945, uno dei più freddi del secolo, dodici milioni di persone fuggirono da Königsberg, da Danzica, da Stettino di fronte all'avanzare dell'Armata rossa. Centinaia di migliaia morirono di fame e di freddo o furono trucidate durante la fuga. Il mondo, che aveva appena scoperto gli orrori dei lager nazisti, restò indifferente. Grass racconta l'episodio più drammatico di quella fuga. La notte del 30 gennaio 1945 una nave carica di profughi fuggiti da Danzica, la *Wilhelm Gustloff*, fu silurata da un sottomarino sovietico. Novemila persone annegarono nelle gelide acque del Baltico. Una data che era quasi un contrappasso storico: esattamente dodici anni prima, il 30 gennaio 1933, Hitler era stato nominato cancelliere.

"Sarebbe stato compito della mia generazione dare voce a quella sofferenza," dice Grass. "Nessuno avrebbe dovuto tacere su tanto dolore. Ma in tutti questi anni siamo stati sovrastati dal senso di colpa e dalla necessità di espiare. Di esprimere sopra ogni altra cosa il pentimento." Grass era stato anche lui un profugo. A diciassette anni era scappato da Danzica insieme alla madre che aveva lì un negozio di generi coloniali. Finirono in una fattoria dove i contadini, "che pure si consideravano buoni cristiani", li lasciarono per tutto l'inverno in un granaio in cui rischiarono di morire congelati.

Grass è stato a lungo un insospettabile. Tutta la sua opera, dal *Tamburo di latta* in poi, è stata dettata dall'impegno di richiamare i tedeschi alle responsabilità del nazismo. Quando si è saputo che perfino lui da adolescente aveva fatto parte delle Waffen ss, molti hanno gridato allo scandalo. Eppure per molti anni era stato un paladino della responsabilità. Quando il cancelliere Kohl ricominciò a parlare di *Vaterland*, lui disse che la parola gli evocava solo "cimiteri di guerra", pervertita come era stata dalla storia. Però aveva sempre mantenuto viva l'idea di "nazione culturale", che era stata il sogno dei poeti e degli illuministi tedeschi dell'Ottocento, e non aveva mai cessato di andare all'Est e tenere rapporti di amicizia con gli scrittori della Ddr anche quando all'Ovest questo veniva visto quasi come un tradimento. Ma nel 1989 fu uno dei pochi a opporsi tenacemente alla riunificazione: temeva che avrebbe portato di nuovo la Germania su una strada sbagliata.

Cosa l'ha spinta ad affrontare il tema, cinquantasette anni dopo la fine della guerra, chiedemmo allo scrittore.

"Questa tragedia mi ha sempre tormentato. Vi avevo accennato in due romanzi. Ma era rimasta lì. Era un materiale debordante, al quale non riuscivo nemmeno a dare una forma. Ci ho pensato per anni. E finalmente mi è stato chiaro che la soluzione era affrontarlo dal punto di vista delle tre generazioni che ne sono state coinvolte." Sono quella di Tulla Pokriefke che a diciassette anni sopravvive al naufragio e proprio quella notte partorisce un bambino, Paul. Tulla è una vecchia conoscenza dei lettori di Grass: nel *Tamburo di latta* è una bigliettaia di tram a Danzica, sempre generosa della propria procace bellezza e già incinta. Paul appartiene alla generazione di mezzo, è uno di quei tedeschi che del passato non hanno voluto più saperne. Fa il suo lavoro di cronista in un piccolo giornale di provincia e basta. Inutilmente Tulla, quando la domenica prendono insieme il caffè, gli racconta la tragica storia della *Gustloff* e dice: "Una cosa così non si può dimenticare". La terza generazione è quella di Konrad, il figlio di Paul, "che invece è interessato a sapere" e interroga la nonna. Ma nella sua ricerca del passato si perde, finisce in ambienti neonazisti, crea su Internet una homepage dedicata a Wilhelm Gustloff, il personaggio di cui la nave portava il nome, un nazista diventato eroe perché ucciso da uno studente ebreo. Konrad incontrerà su una chatline un ragazzo ebreo che alla fine ucciderà.

"La storia è un groviglio, ma è importante che oggi si riesca a parlarne," sostiene Grass. "Anche del bombardamento di Dresda è giusto parlare. Ma noi tedeschi non dobbiamo mai dimenticare che il male è partito da noi. Nemmeno quando questo male ci è ricaduto addosso. Siamo stati noi i primi a espellere dei popoli dai propri territori, i primi a bombardare. I rapporti di causa ed effetto devono restare chiari." Il passato forse non passa ancora, ma la colpa è diventata storia.

## *Vent'anni dopo*

L'ultima foto è del settembre 1989. I pionieri dell'Ottava A della Polytechnische Oberschule, Driesener Strasse di Berlino, stanno sull'attenti nel cortile della scuola per l'Appello e l'Alzabandiera con i loro fazzoletti blu al collo. È la giornata della Altstoffsammelneinsatz, missione raccolta di materiali vecchi. "Per la pace e il socialismo siate pronti!" scandiva il capo appello. E tutti rispondevano: "Siamo pronti". La Nona A, l'anno dopo, non ci sarebbe più stata, perché nel frattempo sarebbe crollato il Muro e con esso l'intero sistema scolastico della Germania comunista. "E dire che non vedevo l'ora di mettermi la camicia blu degli Fdj," dice Michael, che nell'Ottava A era il primo della classe e perciò anche il capo dei pionieri. Nei pionieri si entrava a sei anni, a nove si passava a un livello più alto, i pionieri di Thaelmann, infine a quindici nell'Fdj (Libera gioventù tedesca). Che cosa è rimasto della Ddr vent'anni dopo in quella generazione di trentenni di oggi, l'ultima che aveva fatto le medie nella Ddr e si era ritrovata poi al liceo in un altro stato? "Senza queste foto, non mi ricorderei quasi più nulla," dice Ortrun che ce le mostra. "Ora tutto quello che si vede nella foto è scomparso. A cominciare dalla Ddr. E perfino dalle materie che studiavamo. È curioso che un paese dove hai vissuto tanti anni e che era la tua casa scompaia dai ricordi. A me questo lascia un senso di vuoto: in questi giorni ho pregato i miei genitori di parlarmi della Ddr la prossima volta che vado a trovarli. Non abitano più a Berlino, sono in pensione anche se hanno poco più di cinquant'anni, si sono costruiti una casetta dove avevano la dacia e passano le giornate a coltivare l'orto per risparmiare sull'acquisto di frutta e verdura." Trentacinque anni, Ortrun lavora come archivista nella Biblioteca Walter Benjamin di Berlino, "e sono la sola dell'Est," dice, "i miei colleghi sono tutti dell'Ovest". Dopo la caduta del Muro fece il liceo a Colonia, poi studi universitari a Bristol, lavorando come ragazza alla pari. In Inghilterra avrebbe dovuto andarci insieme a un'amica occidentale, ma alla fine questa aveva deciso di non lasciare Colonia. Più facile laurearsi in patria, per poi andare all'estero per un master, aveva deciso. Ma per Ortrun, Colonia (dove poi ha fatto studi di bibliotecaria) non era più "casa" di Bristol. Né lo è mai diventata. Se la Ddr non è più di un vago ricordo, la Germania occidentale non è certo diventata patria: "Non so nulla dei loro simboli: il ponte aereo su Berlino con i pacchetti di caramelle, l'inginocchiamento a Varsavia di Willy Brandt, il miracolo di Berna quando la Germania vinse l'imbattibile Ungheria, l'inno nazionale, e loro non sanno nulla dei miei. Conoscono solo due date: il 1961, quando il Muro fu costruito, e l'89, quando cadde". Per questa ragione tanti giovani dell'Est vivono all'estero: in Svizzera, in Austria, in Canada, negli Stati Uniti, in Italia, in Tunisia. Il fratello, che ha sei anni più di lei, è emigrato in Australia. La caduta del Muro Ortrun la ricorda bene, non la notte perché dormiva, ma la mattina dopo, quando dalla finestra vide una fila gigantesca di persone che si dirigevano verso la vicina Bornholmerstrasse. Lì c'era il "confine di stato" (così veniva pomposamente chiamato nella Ddr) che la sera prima era stato preso d'assalto dalla folla che aveva appena ascoltato l'annuncio di Schabowski che chiunque poteva andare "dall'altra parte" solo mostrando un documento d'identità. Anche i genitori avevano tentato di raggiungere la Bornholmer, dopo aver tirato giù dal letto il fratello Michael. Ma avevano rinunciato per la gran ressa, e c'erano tornati la mattina dopo coi ragazzi, nessuno era andato a scuola. Con i cento marchi del Begrüssungsgeld il padre aveva per prima cosa comprato una scatola di sei bottiglie di Coca-Cola. Michael lavora ad Amburgo, elettrotecnico, "ho finito per fare il mestiere di mio padre, non l'avrei mai immaginato," dice. Anche lui dopo la caduta del Muro era andato subito a studiare in Occidente, perché lì era il futuro. Nella casa di Berlino è rimasto il fratello minore Hein. La casa è stata messa in vendita e i due fratelli hanno comprato un monolocale. Per Hein la fine della Ddr è la felicità. Così ha potuto studiare musica, che era sempre stata il suo sogno. Ma anche suo padre, dice orgogliosa Ortrun, "è uno dei pochi della sua generazione che ce l'ha fatta. Dopo che la fabbrica dove lavorava fu chiusa, per dieci anni ha vissuto di sussidi, ha fatto corsi di formazione, una vita precaria. Ma alla fine ha aperto un negozietto di elettricista che da due anni, finalmente, funziona".

# 8.

# L'amicizia tra uomini
## *Männerfreundschaft*

> Con la tua amicizia potrò sfidare questo secolo.
>
> SCHILLER, *Don Carlos*

*Männerfreundschaft*, l'amicizia virile, descrive il modo di stare tra uomini. È un rapporto vecchio stile, un'amicizia fra patriarchi, fatta di poche parole e di stima reciproca, d'intesa sui valori di fondo. Può esistere a tutti i livelli sociali, ma solo tra pari. "Non può esserci una vera *Männerfreundschaft* senza 'il dolce gusto della parità'," dice Schiller.

Ha alcuni riti. Nelle cittadine di provincia tedesche non è raro vedere due uomini di età matura seduti al tavolo abituale della loro birreria, lo *Stammtisch*, una parola che evoca di per sé qualcosa di solido e un rapporto positivo con la propria comunità: *Stamm* è il tronco, il ceppo, il lignaggio. I due solitamente tacciono. Ogni tanto si scambiano qualche vecchio ricordo, quasi sempre di guerra. Il parlare o la birra sono marginali. Essenziale è che il loro atteggiamento comunichi la considerazione, il rispetto che i due nutrono l'uno per l'altro. Un altro rito della *Männerfreundschaft* è passeggiare nei boschi o in montagna la domenica, mentre le mogli stanno a casa o si ritrovano per il tradizionale "caffè con torta" – un rito di tale importanza nella socialità tedesca che fa sì che panetterie e pasticcerie siano rimaste sempre aperte la domenica pomeriggio anche quando in Germania la chiusura domenicale era sacra. Il pendant della *Männerfreundschaft* è il *Damenkränzchen*, una "coroncina di signore": un termine che descrive il modo di stare tra donne e comunica un universo di frivolezza in cui è assente la dimensione dell'amicizia.

Come parola e come comportamento l'"amicizia virile" è dunque un po' retrò, e vagamente di destra. Fa parte di quelle parole che i tedeschi avevano filtrato attraverso il linguaggio romantico e distillato in mito. Parole che avevano a che fare con il rispetto dell'ordine e dell'autorità, con il valore della disciplina caro alla tradizione pietista, l'idealizzazione della natura e tutte quelle caratteristiche dell'identità culturale tedesca che vengono sospettate di aver portato diritto da Lutero fino a Hitler. Nel dopoguerra erano diventate inutilizzabili, saturate com'erano state "di menzogne e atrocità", come scrisse George Steiner. La più impronunciabile di tutte naturalmente era "patria". Nel 1954, quando la Germania Ovest vinse i mondiali di calcio, i giornali tedeschi temettero che la gente si lasciasse andare a entusiasmi patriottici e ammonirono: non è una vittoria della Germania, ma di undici uomini nati entro i nostri confini. Ci sono voluti cinquant'anni prima che i giovani tedeschi facessero le loro *fanmeilen* e si dipingessero il viso con i colori della bandiera tedesca come i loro coetanei facevano con i colori delle loro bandiere in tutta l'Europa.

Sulla vittoria del '54 più tardi uscì un film (*Il miracolo di Berna*) per ridare entusiasmo alla Germania un po' demoralizzata dalle difficoltà dell'unificazione. Ma perfino parole assolutamente normali avevano smesso di essere usate perché evocavano ormai gli stivali neri delle ss. *Achtung!* o *Verboten* per esempio furono rimpiazzate da imbarazzanti perifrasi. *Rauchen nicht erlaubt* (non è permesso fumare) si leggeva al posto di *Rauchen verboten* e nelle stazioni nessun altoparlante imponeva più: *Achtung!*, non attraversare i binari. Ancora oggi, quando la Germania gioca contro l'Inghilterra, sulla stampa popolare inglese comparirà un bel *Verboten* in prima pagina. "La peste nazista," scriveva Heinrich Böll nel 1961, "ha contaminato il pensiero, l'aria che respiriamo, ha avvelenato in tal modo le parole che diciamo e che scriviamo da non poter essere ripulite da alcun tribunale."

I tedeschi hanno due vocaboli per dire patria: *Vaterland*, che ha un suono più grave e solenne, e *Heimat*, che fonde la casa natia, il suolo e l'appartenenza in un unico corroborante sentimento. Se la seconda poteva essere usata di tanto in tanto con circospezione, la prima nel dopoguerra divenne per decenni impronunciabile. Fu Kohl il primo a riparlare di *Vaterland*. L'espressione *Unser deutsches Vaterland* non mancava in nessun suo discorso. Kohl era il primo cancelliere a non aver fatto la guerra. Nato nel 1929, apparteneva a quella che fu chiamata l'"annata bianca" (*Weisser Jahrgang*), la classe dei tedeschi che non erano stati mandati al fronte perché ancora ragazzi ma che nel 1945 erano stati richiamati quindicenni alle armi, incaricati del compito – molto pericoloso, e infatti tanti morirono – di mettere i proiettili nelle contraeree installate sui tetti delle case. La "grazia di essere nato dopo," diceva, gli permetteva di usare la semantica di un moderato patriottismo. Era convinto che, perché i tedeschi potessero ritrovare la normalità, tutte quelle parole, che avevano avuto una dignità prima della perversione fattane dal nazismo, dovessero rientrare nell'uso. La maggioranza dei tedeschi fu sollevata. Ma la sinistra non si fidava. Dalla storia tedesca bastava imparare che nulla doveva ripetersi. Temeva che la Germania ricadesse in una pericolosa terminologia di sapore nazista. Perfino *Männerfreundschaft*, di cui Kohl fece una strategia efficace per personalizzare la politica, viene oggi usato seriamente solo dai giornali conservatori: "Il presidente messicano Vicente Fox si aspettava di più dalla sua *Männerfreundschaft* con George W. Bush," scrive per esempio la "Frankfurter Allgemeine".

## *Mano nella mano a Verdun...*

Kohl riuscì a mettere in atto i riti della *Männerfreundschaft* perfino con una personalità difficile e scostante come François Mitterrand. "François e io ci conoscevamo da innumerevoli incontri," racconta nelle sue memorie, "eravamo andati a fare passeggiate insieme, in molte parti della Francia e della Germania. Avevamo parlato spesso delle guerre franco-tedesche. Non dimenticherò mai Verdun. Andammo a Verdun perché entrambi avevamo lì dei legami personali. Mio padre era stato ferito lì nella Prima guerra mondiale e un simile destino era toccato a Mitterrand, nella Seconda. Era stato fatto prigioniero di guerra dai tedeschi. Aveva tentato di fuggire, ma era stato ripreso e trascinato per la strada mezzo morto di fame e sete con i cani da guardia che gli stavano addosso. Mi raccontò che una vecchia gli si era avvicinata con pane e acqua e gli aveva detto in francese: 'Monsieur, non pensi per favore che tutti i tedeschi siano cattivi'."[1]

A Verdun, Kohl e Mitterrand cementarono l'amicizia franco-tedesca con una dichiarazione congiunta: "Oggi, 22 settembre 1984, il cancelliere della Germania federale e il presidente della Repubblica francese sono venuti qui insieme per inginocchiarsi di fronte alle tombe dei figli di Francia e di Germania. Onorando insieme i morti delle guerre passate, essi iscrivono in questo luogo storico il segno che entrambi i popoli hanno scelto definitivamente la via della pace, della ragione e della collaborazione amichevole. La Germania federale e la Francia hanno imparato la lezione della storia. Ci siamo riconciliati. Ci siamo accordati. Siamo diventati amici. L'Europa è la nostra patria culturale. Siamo eredi di una grande tradizione europea e l'unità è il nostro obiettivo comune. Per esso operiamo, in uno spirito di fraternità".

Solo pochi mesi prima gli Alleati della Seconda guerra mondiale avevano celebrato in Normandia il quarantesimo anniversario del D-Day senza il cancelliere tedesco. Inutilmente Kohl aveva cercato di ottenere un invito. Ma Mitterrand capì che era sbagliato isolare la Germania e corse ai ripari. Scelse Verdun, che per la Francia è il simbolo dell'orgoglio nazionale. Quando la Francia aveva celebrato nel 1966 il cinquantenario della battaglia, de Gaulle non aveva voluto al suo fianco nemmeno gli inglesi, alleati di due guerre. Verdun è la Stalingrado della Prima guerra mondiale, il luogo dove una guerra di trincea e una strategia di logoramento massacrarono in pochi mesi decine di migliaia di uomini. Novantuno divisioni di fanteria francesi e altrettante tedesche. Nessuno sa con precisione quanti furono i morti, mezzo milione, settecentocinquantamila? In quattro mesi: dal febbraio al giugno 1916. Giovani tra i ventuno e i ventiquattro anni. I cadaveri ritrovati sono stati centosettantamila. Dopo la guerra i francesi si erano preoccupati di separare i morti. I francesi erano stati seppelliti in cimiteri con le croci bianche, i tedeschi in cimiteri con le croci nere. Anche nella tomba doveva restare qualcosa della vergogna di essere appartenuti alla parte di chi la guerra l'aveva iniziata e l'aveva perduta.

La cerimonia cominciò di fronte al cimitero di guerra tedesco, quello di Consenvoye. Mai prima un presidente francese aveva reso omaggio qui ai caduti tedeschi. Sotto una pioggia gelida, Mitterrand e Kohl deposero una corona mentre un trombettiere tedesco intonava *Das Lied vom guten Kameraden*; poi, tenendosi per mano, ascoltarono in silenzio gli inni nazionali, prima quello francese e poi quello tedesco. La stessa cerimonia si ripeté di fronte al cimitero di guerra di Douaumont, e questa volta un trombettiere francese intonò la *Sonnerie aux morts*. La commemorazione si concluse di fronte all'Ossario. Mitterrand e Kohl salutarono i veterani di guerra francesi e tedeschi, e pronunciarono la dichiarazione congiunta. Poi, sotto una pioggia sempre più inclemente e una temperatura scesa sotto lo zero, piantarono una quercia. I servizi di sicurezza avevano esitato a dare l'autorizzazione, perché il terreno era ancora disseminato di proiettili e temevano che un colpo di vanga potesse finire nel punto sbagliato.

I riti della *Männerfreundschaft* ebbero tanto successo che perfino Franz Josef Strauss, capo della Csu bavarese, alleato ma rivale di Kohl, il suo "nemico intimo" come dicevano i tedeschi, si sentì obbligato ad adottarli. Ogni anno recitava, doverosamente in costume bavarese, il copione delle camminate in montagna a fianco del cancelliere che invece indossava un semplice maglione. Già l'abbigliamento tradiva la distonia. Che differenza rispetto agli identici cardigan neri indossati da Kohl e Gorbaciov durante la storica passeggiata del Caucaso in cui si decise la riunificazione tedesca! I due cardigan sono giustamente diventati un pezzo di storia ed esposti al Museo della storia tedesca di Bonn. Il sentimentalismo tedesco e quello russo si erano perfettamente amalgamati.

Eppure, instaurare un rapporto personale con Gorbaciov non era stato facile. C'erano voluti due anni prima che nell'ottobre 1988 si aprissero per il cancelliere le porte del Cremlino e Gorbaciov, accompagnato da Raissa, gli andasse incontro nella sala di San Giorgio, la più scintillante del palazzo, riservata ai capi di governo di grande importanza. Una gaffe commessa da Kohl lo aveva tenuto in panchina mentre a Mosca venivano ricevuti il presidente Weizsäcker e perfino Franz Josef Strauss. Un *faux pas* come tanti altri in cui Kohl era inciampato nei primi tempi del suo mandato: parlando con "Newsweek" aveva paragonato Gorbaciov a Goebbels, in quanto entrambi "esperti di propaganda".

All'inizio del primo incontro Gorbaciov restò riservato. "Le ho sentito dire molte cose a proposito della questione tedesca," disse al cancelliere nel brindisi di benvenuto, "e le rispondo con una citazione di Goethe: 'Nulla è più pericoloso per le nuove verità che gli antichi errori'." Come a dire: Lei, signor cancelliere, è ancora legato al vecchio sbagliato sogno della riunificazione. Kohl, consapevole delle gaffe commesse e deciso a stabilire un buon rapporto con l'Unione Sovietica, fece ricorso alla sua sperimentata capacità di porre i rapporti sulla base delle esperienze personali. Siamo abbastanza vecchi, disse a Gorbaciov, per aver vissuto consapevolmente la fine del Terzo Reich e abbastanza giovani per cominciare da zero in un nuovo mondo. "Sono venuto a Mosca come cancelliere ma anche come il cittadino Kohl. Abbiamo più o meno la stessa età. Le nostre famiglie hanno vissuto la guerra con tutti i suoi orrori. Suo padre è stato soldato e gravemente ferito. Mio fratello è morto in guerra all'età di diciott'anni. Mia moglie è stata una profuga. Lei ha una figlia, io ho due figli maschi di ventitré e venticinque anni, tutti e due sono ufficiali di riserva. Abbiamo entrambi un compito importante davanti a noi: fra dodici anni finirà questo secolo e il secondo millennio. La guerra e l'uso della violenza in genere non sono più un mezzo della politica. Se qualcuno non fosse di questo parere provocherebbe la fine del mondo. I nostri contatti personali devono essere completamente rinnovati e improntati alla franchezza. Io sono pronto a un intenso dialogo personale." Fu il seme che fece nascere l'amicizia. Gorbaciov nelle sue memorie scrisse: "Il suo atteggiamento mi colpì. Sia personalmente sia obiettivamente mi convinsi che il contatto personale e lo sforzo di capire che cosa voleva il mio interlocutore avrebbero svolto un ruolo sempre maggiore nella politica internazionale". La giornata terminò con una bellissima serata in cui i due uomini politici insieme alle mogli Hannelore e Raissa parlarono di tutto, problemi, esperienze, storie di famiglia. "Ci lasciammo, così almeno mi parve, con affettuosa simpatia gli uni per gli altri." Due anni dopo ci fu lo storico incontro.

### *Via libera alla Grande Germania, a Jelednovosk nel Caucaso...*

Kohl ricorda così la fatidica giornata, quel 16 luglio 1990, che avrebbe aperto la via all'unificazione tedesca: "Ero appena salito nella mia camera, quando Gorbaciov mi mandò a chiedere se avevo voglia di una passeggiata. Indossai il mio cardigan nero e uscii; anche Michail si era messo un maglione. I membri delle delegazioni e i giornalisti vennero con noi. Dopo pochi metri Gorbaciov si fermò. Scese l'argine del fiume e mi porse la mano, facendo segno di seguirlo. Così arrivammo alla riva e parlammo degli imprevisti del fiume. Raramente avevo visto Michail Gorbaciov di umore così rilassato. Nessuno di noi in quel momento aveva voglia di parlare di alta politica e parlammo di tutto. La sera a cena fu come una cena fra amici, Gorbaciov raccontò della sua famiglia, della nonna che aveva sempre un'icona nella sua stanza, del nonno che aveva ammirato Lenin e Stalin perché da loro si aspettava un miglioramento delle sue povere condizioni di vita. Mentre raccontava queste cose pensavo che in Germania era successo lo stesso alla fine degli anni venti: molti avevano puntato su Hitler perché credevano che li avrebbe liberati dalla crisi economica". I collaboratori del cancelliere non nascosero ai giornalisti presenti quanto l'intesa personale tra i due uomini avesse aperto strade di cui inutilmente i diplomatici in lunghe consultazioni avevano cercato l'accesso.

Tutto venne definito nella tranquilla passeggiata tra abeti e cespugli di mirtillo nel parco naturale di Mineralnye Vody, ai piedi della catena caucasica, e poi nella visita a Stavropol, città dove Gorbaciov aveva mosso i primi passi della sua carriera e dove ancora viveva la madre. Vennero risolte le questioni pendenti: la Germania unita sarebbe stata costituita dalla Germania federale, dalla Ddr e da Berlino. I tedeschi non avrebbero mai più rivendicato i territori al di là dell'Oder. Sarebbero stati loro restituiti i pieni e illimitati diritti di sovranità. E in quanto paese sovrano la Germania sarebbe stata libera di decidere a quale alleanza appartenere. "Noi abbiamo già indicato la nostra decisione di restare parte della Nato," disse il cancelliere. Gorbaciov lo annunciò al mondo in diretta tv, nel corso di una conferenza stampa congiunta con Helmut Kohl. Mosca accettava il principio che la Germania riunificata facesse parte della Nato.

Il cancelliere tedesco aveva ottenuto ciò che voleva: unificare la Germania e avere la restituzione piena dei diritti di sovranità entro un anno. Non stupisce che, nella conferenza stampa a Jelednovosk, Kohl non riuscisse a trattenere una soddisfazione che gli sprizzava da tutti i pori. Ma evitò ogni esuberanza. "L'incontro del Caucaso passerà alla storia come una tappa decisiva nei rapporti tedesco-sovietici. Abbiamo tenuto conto degli interessi reciproci in modo esemplare," si congedò il cancelliere. "La sfida è dare una struttura ai futuri rapporti fra i nostri due paesi e al destino dell'Europa. La nostra generazione ha una speciale responsabilità per la pace di cui sarà espressione un Trattato che la Germania riunificata firmerà con l'Urss." "La cosa che mi ha colpito di più di questa visita," ci aveva detto sull'aereo che lo riportava a Bonn, "è stato l'incontro a Stavropol con i veterani di guerra. Con loro abbiamo parlato di futuro, del futuro dei nostri figli. Il Trattato convincerà l'opinione pubblica sovietica che la storia può correggere se stessa sulla questione tedesca senza per questo rimettere in discussione la vittoria sovietica in una guerra costata loro ventisette milioni di morti."

La sintonia fra i due statisti non è mai venuta meno: Kohl, non più cancelliere, è stato l'unico politico invitato da Gorbaciov a piangere con lui la morte della moglie Raissa.

## 9.

## L'unione per interesse
## *Zweckgemeinschaft*

> Siamo *un* popolo, dice un tedesco dell'Est. Lo siamo anche noi, risponde uno dell'Ovest.
>
> *Barzelletta sulla riunificazione*

Sembrava un matrimonio d'amore: decine di migliaia di persone vennero ad acclamare Kohl per le strade di Dresda scandendo *Wir sind ein Volk*, siamo un solo popolo. Dieci anni dopo essere tornati a essere una sola nazione, i tedeschi restavano due mondi diversi. In un sondaggio in cui dovevano rispondere se stavano bene nel luogo in cui vivevano, solo quelli dell'Ovest dissero di sì. Nei Länder che avevano costituito la ex Germania orientale quattro abitanti su cinque si dichiaravano scontenti. Venti anni dopo le cose sono cambiate di nuovo. I sondaggi non si fanno più separando Est e Ovest. *Heimat*, secondo lo "Spiegel" che dedica al tema una copertina, è la "famiglia" per il 31% dei tedeschi (rispetto al 25% dieci anni prima), il 33% la considera il "luogo di residenza". Solo il 18% (erano il 28% dieci anni prima) definisce la Germania la patria.

Che si trattasse, almeno in parte, di una *Zweckgemeinschaft*, un'unione per interesse, lo si poteva sospettare fin dal principio. In tedesco la parola non ha connotati negativi, non implica che qualcosa fatto per interesse proprio vada a svantaggio altrui. Significa semplicemente un'associazione dettata da una coincidenza di interessi per ragioni pratiche. Per esempio si applica a persone che, senza essere amici, fanno sport insieme nel fine settimana, una *Zweckgemeinschaft* di vela o di trekking in montagna.

Per i tedeschi dell'Est, che si erano sempre sentiti i parenti poveri, il desiderio più grande era sempre stato valere quanto uno dell'Ovest. Il cancelliere Kohl, che se ne rendeva conto, decise infatti di fare subito il gesto che più di ogni altro simboleggiava questa parità. Dette ai "concittadini dell'Est" il marco occidentale, con un rapporto uno a uno. Economicamente era un errore, di cui poi fu pagato il prezzo, ma sul piano psicologico fu un colpo di genio. Per la prima volta dopo quarant'anni di divisione i tedeschi dell'Est si sentivano pari. *"Eins zu eins"*, come il cambio uno a uno del marco, è entrato nella lingua tedesca come sinonimo di "alla pari".

Per la Germania occidentale riassorbire la Germania Est significava riacquistare la piena sovranità. La "semisovranità" della Bundesrepublik non era stata un fatto di cui si parlasse volentieri – se non nei testi degli studiosi, soprattutto stranieri –, ma era nelle cose, nel clima che si respirava, e i tedeschi non dimenticavano mai di essere uno stato semisovrano. Nel caso per un momento se lo fossero scordato, c'era sempre qualcuno pronto a ricordarglielo. Negli anni ottanta nella trasmissione televisiva domenicale *Frühschoppen*, seguitissima perché gli ospiti erano giornalisti stranieri e i tedeschi sentivano molto il bisogno di sapere quello che il mondo pensava di loro, il tema era (anche allora!) la crisi economica in cui si trovava l'Europa – ma soprattutto l'Inghilterra – mentre in Germania continuava il "miracolo economico". Il conduttore iniziò rivolgendosi a un giornalista britannico: "Siete messi proprio male in Inghilterra". "Messi male ma non divisi (*aber noch nicht geteilt*)," lo gelò subito l'inglese.

La generazione nata dopo la guerra si era in realtà abituata a questo stato semisovrano ma protetto, rassicurantemente privo, per la prima volta nella storia tedesca, di ambizioni geopolitiche. Se fosse passata ancora una generazione forse l'idea della Germania unita sarebbe sbiadita del tutto. Ma chi era più vecchio non dimenticava "i nostri *Landsleute*", i compatrioti della Ddr, come diceva Kohl strascicando la "s", un modo di pronunciare che faceva sembrare la parola familiare. I tedeschi della sua generazione avevano tutti parenti stretti al di là del Muro. Per i più giovani non era così. I parenti, se c'erano, erano sempre più lontani e la difficoltà di vedersi li aveva resi ancora più distanti. Non sapevano più nulla dei loro coetanei del Brandeburgo o della Turingia, salvo che erano i primi alle Olimpiadi (pompati dal doping, si è poi scoperto). Nemmeno i tedeschi dell'Est sapevano più nulla di prima mano dell'Occidente. L'idea che se ne facevano la ricavavano dalla tv della Germania Ovest, di cui seguivano appassionatamente e clandestinamente le trasmissioni, inclusa la pubblicità, che li affascinava perché sui banchi dei loro supermercati non c'era niente di quelle delizie.

L'emozione, i sentimenti, il matrimonio d'amore si consumarono in pochi giorni. Il 9 novembre 1989 una folla incontenibile aveva attraversato il Muro. Cittadini dell'Est e dell'Ovest si erano abbracciati piangendo. Ma già mentre il Muro veniva portato via a colpi di piccone, i tedeschi scoprivano di appartenere a due mondi. Il Meclemburgo? "Marte mi sembra più vicino," ci disse un'amica renana sillabando il nome Me-clem-bur-go Po-me-ra-nia An-te-rio-re come se si trattasse di una landa sconosciuta. E marziani sembravano agli occidentali quei giovani che venivano a tentare la fortuna all'Ovest e intervistati dalla tv dichiaravano: "Lo stato ci darà un lavoro e una casa!". Credevano di essere arrivati nel paese dei balocchi. La notte del 9 novembre, passati i valichi tra Berlino Est e Ovest sotto gli sguardi ormai accondiscendenti dei *Vopos*, il primo desiderio dei berlinesi dell'Est fu di chiamare amici e parenti per dar loro la notizia del miracolo. Vedemmo file formarsi di fronte alle cabine telefoniche a scheda, sulle quali era scritto "telefonare senza monete". Lo avevano interpretato come la possibilità di telefonare gratis. E alcuni ci furono enormemente riconoscenti per aver regalato loro le monetine occidentali per telefonare.

Un mese dopo a Dresda, di fronte alle rovine della Frauenkirche, Kohl parlò della "nostra patria tedesca". Ad applaudire il cancelliere erano venute questa volta le fabbriche, inconfondibili visi di operai, mani forti, giacche sintetiche e scarpe di plastica. Quasi nessuno di loro aveva partecipato alle marce del lunedì, che andavano avanti da ottobre, nelle quali i dimostranti, in gran parte insegnanti, studenti e tecnici, reclamavano la democrazia e, per dare forza ai loro diritti democratici, scandivano: "Siamo *noi* il popolo". Di fronte alla Frauenkirche invece risuonò immediatamente un altro slogan: "Siamo *un solo* popolo". Quanto quello slogan sia stato pilotato lo decideranno gli storici. Noi, che eravamo sulla piazza, vedemmo gruppetti organizzati che per primi scandivano le parole d'ordine da scandire e che distribuivano bandierine tedesche occidentali nuove di zecca (che nella Ddr erano vietate). "Chi ve le ha date?" chiedemmo. "Le ha cucite mia moglie," fu sempre la risposta. Alla domanda successiva: "E come fanno a essere tutte uguali?" andavano oltre e ci guardavano con ostilità. Di sicuro fu su quella piazza che i tedeschi dell'Est capirono per la prima volta che potevano chiedere molto più della democrazia: la riunificazione della Germania.

Gli stessi che avevano applaudito il cancelliere votarono per lui nelle prime elezioni democratiche della Ddr, pochi mesi dopo, nel marzo 1990. "Perché ha votato Cdu?" chiedemmo a una coppia in un seggio elettorale di Plauen, una città che si trovava a venticinque chilometri di distanza dalla bavarese Hof e che proprio per questo aveva sopportato per cinquant'anni controlli molto più rigidi delle città più lontane dal confine intertedesco. "Per avere il marco occidentale," risposero. Il 3 ottobre 1990, un anno dopo la caduta del Muro, l'avventura della riunificazione cominciò ufficialmente. La Ddr cessò di esistere e la Repubblica federale, in base a un dimenticato articolo della Costituzione, poté integrarla senza bisogno di alcuna procedura speciale. Quella sera le campane suonarono a festa e la gente uscì per strada. Ma all'Ovest c'era più perplessità che entusiasmo. A Berlino il prestigioso Hotel Kempinski cessò i rinfreschi gratis che aveva offerto fino ad allora a chi veniva dall'Est. Quei proletari in sgargianti tute da jogging appena comprate in qualche magazzino occidentale a buon mercato cominciavano a dare fastidio.

### *Un urlo accoglie Kohl: Germania!*

Dresda – Il cancelliere Kohl è quasi senza fiato. È arrivato a fatica sulle rovine della Frauenkirche, stretto da una folla che come un fiume in piena lo travolge, gli si stringe addosso, grida: "Helmut! Helmut!" e "Germania! Germania!". È il dicembre 1989, il Muro è caduto da cinque settimane. Decine di migliaia sono venuti con le bandiere rosso, nero e oro simbolo della Germania unita e quelle bianco-verdi della Sassonia. Sassonia Bundesland, è scritto sugli striscioni. Bundesland come la Baviera, l'Assia o la Renania.

La Frauenkirche, un tempo il monumento più imponente della barocca bellezza di Dresda, fu distrutta nell'apocalisse del 14 febbraio del 1945. La chiesa, interamente bruciata all'interno, resistette in piedi per ventiquattr'ore sulla città distrutta. Poi crollò ripiegandosi su se stessa. La cascata di macerie annerite è rimasta com'era, in mezzo alla piazza, accanto a un moncone riarso, monito contro la guerra e segno di pietà per le vittime. Il cancelliere è venuto a piedi dal vicino Palazzo della cultura, dove ha appena terminato i colloqui con il presidente del Consiglio della Ddr Hans Modrow. "Questa rovina è un monumento alla memoria dei morti e delle sofferenze di questo secolo. Mai più guerre né violenza devono nascere sul territorio tedesco," dice. *Deutschland einig Vaterland*, Germania patria unita, scandisce la piazza. C'è gente di ogni età ma di una sola classe sociale: sono gli operai delle fabbriche, che ormai sanno che gli operai dell'Ovest guadagnano all'ora cinque volte più di loro. Ci sono ragioni economiche per l'unificazione, riconosce il cancelliere, siamo tutti tedeschi, spesso metà di una famiglia vive di qua e l'altra metà dall'altra parte, perché non dovremmo chiamarci tutti nello stesso modo? A quarant'anni dalla guerra le macerie vanno rimosse.

Gli animi nella piazza s'infiammano. E sale anche l'intolleranza per chi la pensa diversamente. Fuori i rossi, grida qualcuno non appena tra la folla sbuca un timido cartello: *klein aber mein*, piccola ma mia, la Ddr. Il malcapitato possessore del cartello viene ricoperto di fischi. Abbasso il Partito comunista, gli gridano. Il cancelliere concentra gli sforzi per tenere sotto controllo la folla e impedire che il coro di "Germania! Germania!" si tramuti in fischi contro il suo interlocutore e ospite, Hans Modrow. O, peggio ancora, che qualcuno intoni l'inno nazionale occidentale, magari con la famigerata strofa, da tempo abbandonata: *Deutschland Deutschland über alles*. "Siamo qui sotto gli occhi di millecinquecento inviati della stampa internazionale," dice con forza il cancelliere, "occorre avere misura, la coscienza di ciò che è possibile. Se prevalesse l'impazienza o il radicalismo tutto potrebbe di nuovo esser messo in gioco." La rivoluzione pacifica che in poche settimane ha cambiato la Germania ha molti padri, sottolinea e ricorda prima di tutto Gorbaciov. "I tedeschi non vivono da soli, le loro azioni hanno conseguenze su tutta l'Europa, c'è chi guarda a noi con preoccupazione, perfino con paura. Se teniamo presente la storia dobbiamo capire queste paure. Come ogni altro popolo anche i tedeschi hanno diritto all'autodeterminazione, ma senza ignorare gli interessi di sicurezza degli altri paesi." La casa tedesca dovrà avere "un tetto europeo," dice, e per i molti che non capiscono rassicura: "L'unità è anche il nostro obiettivo, e lo raggiungeremo. Ma non dall'oggi al domani".

Spiega alla folla che il primo passo è stato già fatto, che ci sarà una *Vertragsgemeinschaft*, una specie di contratto di matrimonio che dovrà unire i contraenti senza confonderli. Ma solo una parola riscalda i cuori: Germania unita.

## *Due luglio, festa grande*

Berlino – Lunedì 2 luglio 1990 è il giorno dell'unione monetaria e nella scuola di Thomas si farà vacanza. Perché vacanza? Rispondono stupiti i genitori: ma perché è il giorno della *Währungsunion*. Lo dicono come se fosse Natale, Pasqua e tutte le feste dell'anno messe insieme. Si può mai lavorare in un giorno simile? I genitori di Thomas hanno già deciso. Con i loro duemila marchi, che saranno autorizzati a prelevare, andranno a Occidente. Da settimane hanno individuato i negozi in cui c'è il televisore a colori più conveniente, la lavatrice completamente automatica, l'aspirapolvere sognato da anni, e perfino la biancheria di seta, mutandine e top per soli quattordici marchi. Quasi non riescono a crederci. Aspettano questo giorno straordinario in cui la loro moneta cattiva, le chip di alluminio, come vengono chiamati con disprezzo i marchi orientali, saranno rimpiazzate dalla moneta pesante, quella buona, che loro non hanno mai potuto avere in mano. "Non avevamo nemmeno parenti di là che ci portassero ogni tanto un regalino dall'Ovest," dice Rosy, la madre di Thomas. Ora hanno aperto un conto alla Cassa di risparmio (solo chi possiede un conto può cambiare marchi est in marchi ovest), alzandosi all'alba e facendo cinque ore di coda (le richieste di cambio devono essere fatte entro il 7 luglio, dopo sarà tardi). "Alle code ci siamo abituati, ma forse questa sarà l'ultima," dicono con gli occhi che brillano. Per la verità, risparmi ne hanno pochi. "Viviamo alla giornata," dice il padre, Rainer. Erano riusciti, questo sì, a restaurare l'appartamento in cui abitavano, una mansarda in una cadente palazzina a tre piani. Hanno messo un parquet di tavole nella stanza dei ragazzi e nel soggiorno, tutto da soli, un lavoro durato i fine settimana di diversi mesi. E hanno comprato per ben duemilasessanta marchi (orientali) un piccolo televisore in bianco e nero che non ha mai funzionato tanto bene. Avevano ordinato anche una vasca da bagno, ma per avere tutti i pezzi occorrevano cinque anni e la vasca nuova è restata in salotto in attesa dei tubi e dei rubinetti mancanti. Nel frattempo c'è stata la rivoluzione. Ora li potranno comprare in Occidente a molto meno.

Purtroppo invece la Trabi l'avevano già comprata. Proprio l'estate scorsa, dopo anni di attesa. Diecimila marchi, tutti i loro risparmi, per una Trabant vecchia di vent'anni che oggi potrebbero comprare sull'Alexander Platz a Berlino per mille marchi, forse anche meno. Quindici anni doveva aspettare in media un compratore. Ottomila marchi era il prezzo d'acquisto, ma una Trabi di vent'anni disponibile subito ne valeva almeno duemila di più. Un amico ingegnere è convinto che la storia della Ddr sarebbe andata diversamente se la Trabi fosse stata sostituita negli anni settanta da una moderna utilitaria. Honecker aveva concluso nel 1989 un accordo con la Volkswagen per dotarla di un motore a quattro tempi, ma è arrivato troppo tardi. Il simbolo della Ddr, con il suo motore a due tempi funzionante a miscela, famoso per riversare su chi lo seguiva un'inconfondibile nebbia cilestrina e puzzolente, è finito insieme al socialismo.

La famiglia di Thomas è una famiglia come ce ne sono migliaia nella Ddr. Tutte quelle vissute senza i privilegi che provenivano dal partito o dall'apparato dello stato, che poi era la stessa cosa, e senza i marchi occidentali con cui la Stasi blandiva i propri collaboratori. Il padre di Thomas, Rainer, meccanico specializzato, guadagna sette marchi e cinquanta l'ora (un meccanico dell'Ovest ne prende trentatré). La moglie Rosy lavora in un'azienda dove riparano tutto, dalle scarpe agli orologi e ne prende sei e mezzo. A questo si aggiungono novantacinque marchi di assegni familiari per il figlio maggiore e centoquarantacinque per il secondo. Non esistono tredicesime o quattordicesime. Le vacanze sono diventate di quattro settimane l'anno, grazie a una legge passata dal governo Modrow poco prima delle elezioni del 18 marzo. Fino ad allora erano state di tre. Le passavano di solito a casa, facendo qualche gita in bicicletta coi ragazzi nei boschi e ai laghi del Brandeburgo. Una volta erano andati in Turingia, da alcuni parenti. L'anno scorso, dopo l'acquisto della Trabi, erano partiti per la Cecoslovacchia, con una scorta di cibo per sette giorni, perché lì gli alimentari sono più cari.

Il 18 marzo hanno votato Cdu. Lei si era decisa dopo qualche esitazione: la socialdemocrazia aveva una tradizione sociale che le era più vicina, dice, ma non eravamo sicuri che ci avrebbe dato il marco. Trent'anni lei, ventinove lui, pensano che per loro si dischiuda un futuro radioso. Ci saranno difficoltà, certo, ma quanta fatica e quanto tempo hanno sprecato per procurarsi quelle poche cose che ora potranno comprare normalmente in qualsiasi negozio.

Certo, i tedeschi avrebbero voluto un rapporto d'amore. Avrebbero voluto che le emozioni provate da entrambe le parti al momento della caduta del Muro durassero, ma si resero presto conto che non era così. Inevitabili le delusioni. I tedeschi dell'Ovest si trovarono a pagare un conto un po' troppo salato: settecento miliardi di euro sborsati per l'Est dal 1991. I tedeschi orientali scoprirono che la corsa per essere "alla pari" avrebbe richiesto più tempo di quanto, singolarmente, ognuno di loro avesse a disposizione, fatta eccezione per i giovanissimi. Ci raccontò una conoscente: "Sono andata a fare una cura termale (pagata naturalmente dalla Asl occidentale) nella Lüneburger Heide, vicino a Hannover. I clienti dell'Ovest avevano tutti camera singola con tv, noi dell'Est ci avevano messi tutti in stanza doppia senza televisione. Non si chiama discriminazione questa?".

*Un paese, due mondi* era il titolo sullo "Stern" del primo ampio sondaggio online su come i tedeschi percepiscono la propria situazione personale. "La crepa tra Est e Ovest è più profonda di quanto si potesse pensare," concluse il settimanale. Germania patria unita? "Neanche per idea. Per quanto riguarda la felicità, fatta della sicurezza del posto di lavoro, ma anche di un ambiente pulito e strutture sociali intatte, la Sassonia Anhalt è lontana dalla Baviera quanto la Siberia da Silicon Valley." Il 75% dei bavaresi si dichiara soddisfatto, nella Sassonia Anhalt solo il 29%. Nacque una nuova parola, l'*Ostalgia*, che però non significava che i tedeschi dell'Est avessero voglia di tornare indietro. Significava ritrovare il gusto per le salsicce della Turingia o la birra della Sassonia, che subito dopo l'unificazione nessuno voleva più, sicuro che qualsiasi prodotto occidentale fosse necessariamente migliore. Oppure, secondo l'espressione di Christa Wolf, "riaffermare la propria biografia". Gli scrittori come lei, che per qualche anno nessuno aveva più letto, alla Fiera del libro di Lipsia del 2002 erano diventati di nuovo dei bestseller. Riaffermare la propria biografia è anche un modo per sentirsi più liberi. Alle elezioni del 2002 per la prima volta i tedeschi dell'Est smisero di dare un "voto d'identità" al Pds e chi voleva votare a sinistra votò Spd contribuendo alla rielezione del cancelliere Schroeder.

## *Le nuove vite di Ingo Schulze*

*Vite nuove* di Ingo Schulze è un monumentale romanzo sulla riunificazione della Germania. Anzi è "il" monumentale romanzo, perché nessun altro scrittore tedesco si è cimentato come lui a raccontare che cosa pensavano, che cosa sentivano i tedeschi dell'Est; come si viveva con i sentimenti giusti nello stato sbagliato; e che cosa attraversò le loro menti e i loro cuori in quei mesi subito prima e subito dopo la caduta del Muro. Quei mesi che erano cominciati con le marce di protesta, ogni lunedì sera, a Lipsia, quando la gente, sconfiggendo la paura della Stasi, si ritrovava nella Nikolaikirche e di lì percorreva le strade della città fino alla sede della Stasi scandendo i suoi goffi slogan: "Stasi in der Produktion! (mandateli a lavorare)". E che erano finiti con le loro vite improvvisamente scaraventate nel grande rodeo della libertà, dopo che erano state tenute sotto tutela per quarant'anni. Oggi, forse, quasi tutti ammetterebbero che le vite nuove sono migliori di quelle vecchie. Ma per chi ha sentito così radicalmente franare il terreno sotto i piedi non è facile ritrovare un senso di normalità. Intanto c'è una consapevolezza acuta di quanto giochi nella vita la fatalità, il caso. "Io sono qui e mi godo questo magnifico soggiorno a Villa Massimo, a Roma. Un mio amico, che era il più brillante germanista della nostra università, ha dovuto campare per anni facendo qualche recensione per la radio e solo due anni fa ha trovato un lavoretto fisso, in una piccolissima casa editrice. Sa perché? Perché io mi ero laureato nell'88, un anno prima della caduta del Muro, avevo cominciato a lavorare come direttore artistico del teatro della mia città, Altenburg. Il mio amico invece si laureò l'anno dopo, la Ddr era praticamente già crollata, subito dopo venne l'unificazione e le università diventarono un feudo occidentale. Lui non trovò mai un posto. Quell'anno in più è stato decisivo. Per alcune generazioni è stato durissimo." E lei? "Io certo amo la mia vita nuova. Certe cose oggi non si possono nemmeno immaginare: non aver saputo cos'era un espresso! Oppure come Tuermer (il protagonista del romanzo) non sapere che cosa vuol dire cash. Parlo di lui, ma io ho pensato per la prima volta al denaro a ventotto anni. Prima i soldi non avevano avuto nessun posto nella mia vita." Chi non è cresciuto in Occidente, lei dice, rimarrà per sempre un "Ossi", uno dell'Est, non riuscirà a vedere le cose come un occidentale. Quali sono le differenze? "Ho l'impressione che ci sia come uno strato in più, tra noi e le cose. Sicuramente ci resta l'imprinting del socialismo. Io lo vedo anche qui a Villa Massimo. C'è un altro borsista dell'Est, di cui non sono particolarmente amico, con altri ho maggiori affinità e legami, eppure non c'è discussione, una proposta, che non ci veda dalla stessa parte. Soli io e lui. Ma non è una forma mentis solo di chi viene da paesi del socialismo reale. Ho avuto un caro amico, uno scrittore egiziano, che diceva le stesse cose. E così amici israeliani. In fondo l'Occidente crede di rappresentare la maggioranza, ma i critici sono ben più numerosi... Attenzione però. Io non piango la scomparsa dell'Est. Piango la scomparsa dell'Occidente dal volto umano. Le faccio un esempio: tutta questa ideologia della crescita economica. Nella Germania Est è stato chiaro a tutti che si è trattato di una fantasia, per non dire un inganno. All'Est siamo sempre di meno e sempre più vecchi e anche se qua e là viene impiantata una nuova fabbrica la realtà non cambia. E la realtà è che l'economia occidentale era così forte che le è bastato produrre un po' di più e costruire un po' di autostrade per inghiottirci. Lo stato ha finanziato il tutto con il tasso di cambio alla pari... Io, intendiamoci, personalmente non mi lamento, con i primi marchi cambiati potei subito fare un viaggio a Venezia. Ma l'idea che un paese diventi semplicemente un mercato da conquistare è inquietante." Che cos'altro la disturba in Occidente? "Mah, cosa posso dirle... Mia madre è medico – per me è difficile conciliarmi con l'idea che si possa fare il medico per fare soldi. E anche che una sua analisi sia pagata di meno di quella di un medico occidentale. Ancora, pensi al ruolo delle donne. Non dico che nella Ddr non lavorassero più degli uomini – i lavori di casa spettavano sempre a loro. Ma per il resto erano uguali in tutto e per tutto. Oggi mi colpisce sentire tante donne che dicono: 'Per fortuna mio marito guadagna abbastanza da poterci mantenere tutti...'. Non le sembra un passo indietro?" In questo libro lei racconta la sua verità sull'unificazione da un punto di vista rigorosamente dell'Est. È curioso che abbia scelto la forma epistolare, come per nascondersi dietro il protagonista, che fa nel romanzo le stesse cose che lei fece nella vita. Ha usato la forma epistolare per prendere le distanze? "Sette anni ho lavorato a questo romanzo e tre ne ho passati a decidere la forma. Volevo parlare di che cosa era stata la Germania Est ma anche di quello che era venuto dopo. La forma epistolare con tre destinatari diversi – la sorella Vera, l'amico d'infanzia Johann e l'irraggiungibile amica Nicoletta – mi permette di vedere il protagonista anche in modo critico, mettere le cose in discussione. Così da rendere più plausibile la sua trasformazione in un tempo così breve. Non tanto perché Tuermer è finito a fare un giornale di annunci pubblicitari quanto perché si convince che non importa quello che uno scrive, basta che il giornale venda. Contano le copie vendute. Contano i numeri. Il numero ha cancellato la parola. Forse esagero, ma la perdita di significato della parola nel nostro mondo per me è un fatto drammatico." Vogliamo dire una buona parola sui tedeschi occidentali? Avranno occupato le sue università, ma la Germania Est oggi domina la politica come la letteratura: Angela Merkel è la cancelliera, lei il più famoso scrittore tedesco... "Angela Merkel ha fatto tanti progressi. Se pensa che prima di diventare cancelliera era a favore della guerra in Iraq... La cosa più interessante che disse Gerhard Schroeder una volta in un colloquio con gli scrittori era che prima di diventare cancelliere pensava di avere molto da dire e da fare, e poi si era accorto quanto fosse difficile, se non impossibile."

# 10.

## Camminare quando l'altro cammina
## *Mitläufer*

> Il bere e il non bere, il sedersi, lo stare in piedi, il parlare o il cantare non dipendevano in genere da lui. Tutto veniva comandato a voce alta e quando uno obbediva agli ordini viveva bene con sé e in pace con il mondo.[1]
>
> HEINRICH MANN, *Il suddito*

Reiner Kunze è un poeta proletario, figlio di minatori, che dalla Turingia era riuscito ad arrivare all'Università di Lipsia e studiare alla facoltà di giornalismo. Un poeta che "sorge insieme alla sua classe," avrebbe detto Bertolt Brecht. Già dall'università, però, come si può leggere nelle migliaia di pagine compilate dalla Stasi su di lui, "si era compiuto in lui un mutamento politico-ideologico, un distacco dal marxismo-leninismo". Era successo quando un suo amico, anche lui comunista, era stato espulso dal partito dopo aver chiesto il permesso di sposarsi in chiesa, condizione posta dai genitori della fidanzata. Kunze scrisse un epigramma: "L'umanità è al centro, mai il singolo". Essendo un comunista, la sua dissidenza fu considerata particolarmente pericolosa. La Stasi si mise all'opera, organizzò contro di lui un'operazione a tutto raggio per portarlo al crollo fisico e psicologico e costringerlo a riparare all'Ovest. Strumento del piano era stato un suo intimo amico, Manfred Boehme. A lui Kunze aveva dedicato il suo libro più bello, *Anni straordinari*, e nella dedica aveva citato Kafka: "Un libro è come un'accetta: per rompere il mare congelato che è dentro di noi".

Le migliaia di pagine raccolte su di lui dalla Stasi le ha raccontate in un volumetto, *Deckname Lyrik*, un documento che testimonia la folle maniacalità con cui la polizia segreta leggeva la sua posta, buttando via quella che non doveva ricevere, registrava le sue telefonate, seguiva ogni suo passo, ascoltava ogni sua parola attraverso un buco fatto nella parete di un vicino compiacente. Dopo la caduta del Muro, furono ritrovate anche migliaia di boccette contenenti gli "odori" dei dissidenti. La Stasi li classificava dopo aver dato alle persone arrestate una garza sterile da infilare fra le cosce per una decina di minuti.

"Lirica" era appunto il nome di copertura che la Stasi gli aveva affibbiato. Nel gennaio del 1990, ormai il Muro era caduto, il poeta tornò a Greiz, la cittadina in cui aveva passato la sua giovinezza. Proprio quella notte i funzionari della Stasi avevano scaricato un camion di documenti sulla collina e li avevano dati alle fiamme. La gente se n'era accorta ed era riuscita a recuperare qualche frammento. In alcuni c'era il suo nome. Ma non sarebbe bastato a rivelare chi l'aveva spiato. La Stasi fu tradita dalla sua stessa efficienza. Le 3491 pagine dei dodici volumi del dossier n. X514168 bruciate a Greiz erano solo delle copie. Gli originali erano ancora nell'archivio centrale della polizia segreta a Gera. Come succede nelle polizie di tutto il mondo, anche nella Stasi i diversi settori si facevano concorrenza fra loro. Non era stato solo un servizio a tenere sotto controllo il telefono dello scrittore. Così delle telefonate registrate c'erano versioni identiche, una con il nome di copertura, l'altra con il nome vero del delatore.

Fu così che Kunze scoprì che a tradirlo era stato l'amico Manfred Boehme, che, nel frattempo, si faceva chiamare Ibrahim, si spacciava per dissidente e aveva cominciato una promettente carriera politica nelle file della Spd dell'Est. Fino a che lo "Spiegel" non pubblicò le prove sulla sua attività di informatore. C'era per esempio la doppia trascrizione di una telefonata di Boehme alla signora Kunze, per conoscere l'indirizzo della figlia Marcela che studiava a Jena. Due versioni identiche, con la stessa data e la stessa ora, che hanno permesso di scoprire l'intera verità. A Marcela Kunze la Stasi aveva messo accanto un ragazzo per spiarla. Quando fu scoperto, il ragazzo, che si era veramente innamorato di lei, si uccise. Boehme era un orfano di guerra, era cresciuto in vari istituti cercando di farsi strada con ogni mezzo. Aveva insegnato storia, tedesco, russo, era stato bibliotecario, giardiniere, cameriere. Era entrato da giovane nella Sed, il Partito comunista della Germania Est, ma aveva criticato l'invasione sovietica di Praga ed era stato messo brevemente in carcere. Più tardi, quando si schierò con il cantautore Wolf Biermann, cui era stata tolta la cittadinanza della Ddr, fu di nuovo incarcerato per quindici mesi e gli fu fatto divieto di lavorare. Da quel momento aveva cominciato a collaborare con la Stasi.

Per otto settimane, Kunze si chiuse in casa a leggere i documenti. C'erano i racconti dei vicini, le bugie dei falsi amici. "Ne uscii invecchiato di anni," racconta. Le operazioni della Stasi sugli scrittori e gli artisti avevano quattro obiettivi: screditare sistematicamente la persona; organizzare insuccessi professionali; diffondere voci malevole; compiere provocazioni dirette. "Sapevo di essere controllato, ma non avevo idea delle dimensioni di questi controlli," dice il poeta. "In fondo vivere sotto questi controlli era meno difficile di quanto possa sembrare, per il semplice fatto che non avevo assolutamente niente da nascondere. Mi sorvegliavano per quello che scrivevo, ma quello che scrivevo era pubblico. L'unica cosa cui dovevo stare attento era che non trovassero un manoscritto prima della sua pubblicazione in Occidente."

Molti dei suoi delatori Kunze li ha perdonati: "Quando tornai a Greiz, un vecchio mi salutò calorosamente e mi disse che era felice di rivedermi. Sono sicuro che lo fosse, anche se più tardi lessi le informazioni che aveva passato su di me alla Stasi. Aveva detto solo il minimo necessario per non compromettere la carriera del figlio".

"Per cultura e tradizione," ci disse ancora Kunze, "i tedeschi sono impregnati di ragione e astrazione; questo li predispone alle teorie e ai sistemi chiusi. Quando hanno scelto un'ideologia la portano fino in fondo, non si fanno distrarre dalla realtà." Era un parere condiviso da Heiner Müller il quale sosteneva che in Germania c'era una specie di "consenso nazionale all'obbedienza, alla delazione e al tradimento". Altrimenti, diceva, com'era possibile che nella Ddr un abitante su cento (centosettantamila persone su diciassette milioni di abitanti) fosse un "collaboratore informale", un IM, non un regolare dipendente del ministero per la Sicurezza dello stato, bensì uno che lavorava in cambio di piccole ricompense?

Assistemmo, pochi mesi prima della caduta del Muro, nella Reglerkirche di Erfurt alle discussioni di un gruppetto di fedeli che si riuniva nella sagrestia della chiesa ogni domenica dopo la messa. Si chiedevano con sincera sofferenza perché fossero stati tutti dei *Mitläufer*, ligi alle richieste del Partito anche quando si era trattato di partecipare alla kermesse o ad altri eventi in cui la loro assenza non sarebbe stata nemmeno notata. Era cominciato in quei giorni l'esodo dei giovani che scappavano dalla Ddr verso la Germania occidentale, e quell'esodo rendeva improvvisamente impossibile continuare a far finta di credere nelle menzogne quotidianamente raccontate dalla tv. "Mai avevo visto tanta rabbia e tanta disperazione," ci confidò il pastore Helmuth Luszat, parroco della Reglerkirche. "Ciascuno di noi vive ogni giorno una contraddizione violenta tra ciò che vede intorno a sé e le bugie ufficiali delle autorità e della televisione." "I tedeschi obbediscono a lungo, sono dei *Mitläufer*, ma improvvisamente esplodono," concluse. "E questa mi sembra una situazione esplosiva."

Non era la prima volta. Dalla Seconda guerra mondiale in poi il *Mitläufer*, il connivente, l'uomo che cammina quando gli altri camminano, batte le mani quando gli altri battono le mani e obbedisce all'autorità anche quando si tratta di dittature criminali, era apparso come un personaggio tipicamente tedesco. Sotto questa categoria furono classificati il 98% dei tedeschi investigati dagli Alleati per crimini di guerra (gli Alleati s'imbarcarono all'inizio nella missione impossibile di processare migliaia di tedeschi, salvo poi mandar liberi quasi tutti, molti dei quali ripresero i loro posti nel nuovo stato tedesco).[2]

Da allora si andò alla ricerca di conferme letterarie del carattere tedesco del *Mitläufer*: il carceriere Rocco nel *Fidelio* di Beethoven, il protagonista de *Il suddito* di Heinrich Mann. Il Generaldirektor Diederich Hessling è un delatore per passione: già dal ginnasio denuncia gli altri studenti mentre all'università incontra il suo modello di vita nell'associazione studentesca Nuova Teutonia nella quale nulla è lasciato al volere del singolo. Una diagnosi ingiusta, perché spesso il *Mitläufer* tedesco è stato, come dappertutto, semplicemente qualcuno che non ha potuto opporsi all'autorità a viso aperto.

# 11.

## Il riposo della sera
## *Feierabend*

Poi siamo di nuovo tutti uguali
Il lavoro della giornata è terminato
E vanno tutti, ricchi e poveri,
Come premio a casa.[1]

*Der Feierabend*, poesia tedesca del 1750

È quasi una parola magica. Quando si pronunciano le sillabe *Feierabend* le penne cadono dalle mani, le serrande si abbassano, le macchine si fermano. Chiunque abbia vissuto in Germania ha odiato il *Feierabend.* Entrando in un negozio ancora aperto per comprare una bottiglia di latte o un giornale, quante volte si è precipitato alla cassa solo per sentirsi rispondere: *Feierabend!* Né scusi, né mi dispiace. *Feierabend* è irrevocabile. Basta da solo a farti capire di non avere nessuna chance. Perfino alla bancarella del mercato, *Feierabend!* E neanche un frutto o un ortaggio passerà più nel vostro cesto della spesa. Il lavoro in Germania quando finisce è veramente finito. Inutile insistere. "Mi dispiace, sono le sei di sera, qui non c'è più nessuno," è l'immancabile risposta in qualsiasi ufficio uno telefoni.

Il riposo della sera è sacro per i tedeschi e la parola infatti ha un'origine religiosa, "la sera prima della festa sacra," annota il vocabolario dei fratelli Grimm nel 1854. A quell'epoca, la sacralità del riposo serale aveva perfino una sua icona, una santa del riposo della sera, di origine tirolese, santa Notburga. In vita era stata una serva pia che per intercessione del Signore aveva ottenuto dal padrone il diritto di pregare, e di non lavorare, la domenica. Divenne così famosa in tutti i paesi di lingua tedesca che il Vaticano nel 1862 dovette confermarne ufficialmente il culto. La sua storia si poteva leggere in volumetti edificanti rivolti alle giovani fanciulle che continuarono a essere pubblicati fino a tutti gli anni venti del Novecento. Santa Notburga era un esempio di operosità, fedeltà al proprio dovere e obbedienza, in altri termini, la codificazione delle virtù tedesche.

Il riposo serale ebbe una sua iconografia: scene idilliache di *Hausmusik* per le famiglie borghesi, con la madre al pianoforte e i figli che suonavano il flauto o il violino, mentre il capofamiglia in giacca da camera sedeva alla scrivania in atteggiamento di riposo, circondato dai simboli di una vita di successo. Per le famiglie contadine, erano scene di preghiera familiare con una chiesa o un santuario sullo sfondo. L'immagine che si voleva trasmettere era di una perfetta armonia della famiglia, di un insieme pieno di buoni sentimenti, riconciliato con Dio e con il mondo, senza dissonanze (non a caso la musica), senza conflitti o minacce esterne. Il *Feierabend* era l'espressione del desiderio tedesco di *Gemütlichkeit*, la più nota tra le parole intraducibili che indica il tepore della casa, l'intimità del focolare e il bisogno di preservarlo.

Attenzione però, dice un proverbio: "*Ohne Fleiß kein Preis*", non ci sono premi per chi non è diligente. Il concetto quasi religioso di *Feierabend* contribuì a consolidare in Germania i noti modelli di disciplina, scrupolosità e diligenza nel lavoro. Allo stesso tempo divenne una difesa contro l'alienazione del lavoro industriale e del mondo moderno. *Feierabend* era il contrario di "il tempo è denaro". Era fatto di canti popolari, proverbi, parole, tradizioni. Non a caso Hitler diede il nome "Feierabend" all'organizzazione del tempo libero per i lavoratori pensata sul modello del dopolavoro ferroviario italiano.

La nota di perbenismo contenuta nella parola non sfuggì all'ironia di Heinrich Böll: un bambino non ha *Feierabend* dall'essere bambino: è soltanto quando si cominciano ad accettare i "principi dell'ordine" che si può avere il riposo serale.

"Ciò di cui un clown ha bisogno è il riposo, l'illusione di ciò che gli altri chiamano *Feierabend*," dice Hans Schnier, il protagonista di *Opinioni di un clown*. Ma gli altri non capiscono che l'illusione del riposo per un clown consiste appunto nel dimenticare il proprio lavoro. "Osservo con un fervore da fanatico ogni forma di riposo serale; l'operaio che si mette in tasca la busta paga e sale sulla motocicletta, l'agente di Borsa che posa definitivamente il ricevitore del telefono, ripone il taccuino nel cassetto e lo chiude; oppure la commessa di un negozio di alimentari che si toglie il grembiule, si lava le mani e davanti allo specchio si aggiusta i capelli e si rifà il trucco, prende la borsetta ed eccola fuori: tutto è così umano, che spesso mi sento io disumano perché posso presentare il *Feierabend* solo come un numero."

Il clown Schnier discute con la sua compagna, Maria, cattolica convinta, se questo concetto di *Feierabend* si possa applicare anche agli animali: a una mucca che rumina, a un asino che sonnecchia accanto allo steccato. Per lei l'idea di usare un concetto così sacro per gli animali è blasfema. Ma lui insiste: il senso vero del riposo inteso come meritata tregua dal lavoro è che sia vissuto consapevolmente. E provoca anche su Dio: "Mi domandavo se il Dio nel quale Maria crede si prende anche Lui il suo riposo e lei diceva sempre di sì, andava a prendere il Vecchio Testamento e mi leggeva la *Genesi*: 'E al settimo giorno Dio riposò'. Io la contraddicevo con il Nuovo Testamento. Dicevo che poteva anche darsi che nel Vecchio Testamento Dio riposasse, ma un Cristo che alla sera smette di lavorare non me lo potevo immaginare. Maria impallidiva ed era costretta ad ammettere che anche a lei l'idea di un Cristo con il riposo serale appariva blasfema. Aveva fatto festa, questo sì, ma *Feierabend* nel senso comune Gesù non l'aveva avuto mai".

*Feierabend* diventò quasi un sinonimo del Sozialstaat, di cui i tedeschi – primi nel mondo – cominciarono a fruire già dalla fine dell'Ottocento. Il merito fu del cancelliere Bismarck che aveva le sue ragioni. Considerava assistenza e previdenza potenti antidoti contro l'espandersi del Partito socialdemocratico.

La tradizione è rimasta. La Germania è forse l'unico paese al mondo che regola il riposo domenicale nella Costituzione. "La domenica," afferma il *Grundgesetz* del 1949, "è una giornata da dedicare al riposo e all'elevazione spirituale."[2] Negli ultimi decenni però dello stato sociale e dell'"economia sociale di mercato" – quell'invenzione tutta tedesca che coniuga ragioni di mercato e solidarietà sociale – hanno cominciato a pesare soprattutto i vincoli. E la parola *Feierabend* tanto cara ai tedeschi era diventata piuttosto il sintomo delle vischiosità che impedivano alla Germania di ritrovare il suo ruolo di "locomotiva economica" e il suo primato in Europa.

Per rendere più flessibili gli orari di lavoro nell'industria e protrarre quelli di apertura dei negozi ci sono voluti vent'anni di discussioni. "*Samstag gehört Vati mir*" (sabato papà mi appartiene) era il grido di battaglia dei sindacati, sostenuti dalla chiesa. Solo nel 1996 le serrande dei negozi non si abbassarono più inesorabilmente all'una di sabato restando chiuse fino alle nove del lunedì successivo. I grandi magazzini restarono aperti fino alle 20.00. E la legge che regola l'apertura precisò: "Chi entra in un negozio entro l'orario di chiusura ha diritto a essere servito". Un vero e proprio attentato al *Feierabend*.

## 12.

## Chi vuole avere sempre ragione
## *Rechthaber*

> Meglio tanto non sapere che sapere tutto meglio.[1]
>
> *Proverbio tedesco*

Di Rudolf Scharping non si era mai potuto dire che bene. Uno che nella sua vita non era mai salito su un autobus senza pagare il biglietto, non aveva mai fatto una telefonata privata dall'ufficio, e che in autostrada per dare il suo contributo a tener basso il livello dell'ozono non ha mai superato i novanta all'ora. Una carriera socialdemocratica senza macchie, sin dalla tesi di laurea sui "Problemi di una campagna elettorale regionale. Analisi della campagna fatta dalla Spd nel 1969 nella circoscrizione di Bad Kreuznach". Poi una decina di cariche e mansioni diverse nel partito, fino alla candidatura alla cancelleria nel 1994. E una sconfitta onorevole di fronte a Kohl.

La candidatura di Scharping è "la vendetta della base del partito contro la Toskana Fraktion," schernì la "Taz". Toskana Fraktion è il nome dato a quei deputati socialdemocratici un po' troppo edonisti per gli standard tedeschi, che avevano fatto del buon cibo, del buon vino, della casa in Toscana e della moda italiana il loro ideale di vita. Scharping invece era un socialdemocratico di vecchio stampo, come hobby aveva al massimo la bicicletta e un po' di musica prima di andare a letto.

Dopo quella campagna elettorale persa, aveva sentito molte critiche proprio sulle sue qualità dai compagni di partito e dai commentatori sui giornali. Dicevano che finivano per renderlo ridicolo, che ingessato com'era in tante buone regole sembrava un manichino, qualcuno che mancasse di una vita vera. Se ne era dispiaciuto. Non poteva capire come un comportamento corretto non fosse apprezzato. Ma il partito gli intimò di cambiare e lui si prese un consigliere per le relazioni pubbliche, un self-made man di Francoforte. Fu questi che gli presentò la contessa Christina Pilati. Fu un colpo di fulmine.

"È un falso!" esclamò l'allora cancelliere Schroeder quando gli portarono le fotografie di cui stavano dando allegramente notizia le agenzie. Ritraevano uno Scharping che faceva una boccuccia tonda lanciando per aria la contessa in una piscina di Maiorca. Schroeder naturalmente non aveva fatto commenti quando otto mesi prima il ministro della Difesa aveva lasciato moglie e figli per la contessa Pilati. Non avrebbe potuto: lui stesso e il suo ministro degli Esteri Fischer contavano insieme otto matrimoni.

*Make love not war* titolò lo "Spiegel". E l'opposizione ne approfittò perché proprio in quei giorni il Bundestag discuteva se mandare o no i soldati tedeschi in Macedonia. Con quelle foto il ministro della Difesa intendeva forse distanziarsi dalla pericolosa missione nei Balcani? Ci vollero nove giorni a Scharping per ammettere che insomma sì, l'idea del servizio fotografico su "Bunte", suggeritagli dal nuovo esperto di Pr, forse non era stata tanto buona, almeno nella scelta dei tempi. Il cancelliere finì per perdonarlo: Scharping era così incapace di rendersi conto della situazione da disarmare chiunque. Ma poche settimane dopo ebbe un'altra clamorosa sortita. Il "Rodolfo innamorato", come ormai lo chiamava la stampa, non resistette e da Skopje andò a trovare la sua bella alle Baleari a bordo di un aereo militare, lasciando a piedi in Macedonia due deputati dell'opposizione e l'Ispettore della Bundeswehr. Questa volta il cancelliere stava per cacciarlo, quando la tragedia dell'11 settembre diede a tutti cose ben più gravi cui pensare.

L'ultimo passo falso lo fece in piena campagna elettorale nel luglio 2002, quando Schroeder lottava per un difficile secondo mandato. Scharping, accusò un giornale, aveva intascato settantunomila euro da un'agenzia di pubbliche relazioni, che per giunta aveva dubbi rapporti con aziende produttrici di armamenti. Un onorario per alcune conferenze, replicò lui, e in parte un anticipo per le sue future memorie. Tutto dichiarato al fisco. Negò che la società di pubbliche relazioni gli avesse finanziato uno shopping di lusso in un negozio esclusivo di Francoforte, consigliatogli dalla sua contessa, stanca di vederlo vestito male. Aveva speso ventisettemila euro per abiti, cappotti, scarpe e camicie, cinquecento euro solo per le cravatte. E pensare che lui ai vestiti non aveva mai badato, raccontò la prima moglie: "Preciso sì, ordinato, ma niente più". Fuori, gli ordinò questa volta il cancelliere. Ma Scharping non è certo il tipo che ascolta le ragioni degli altri. Per nulla al mondo si sarebbe dimesso visto che aveva ragione, rispose. Prima ancora che rientrasse a Berlino, Schroeder annunciò di averlo licenziato: "Ho chiesto al presidente della Repubblica di sollevare il ministro della Difesa Scharping dal suo incarico e di sostituirlo con Peter Struck," disse. Punto.

"Me ne vado a testa alta e con la schiena diritta," ribatté lui. Troppo alta per vedere che cosa succede intorno a lui, commentò un giornale.

La letteratura tedesca è piena di personaggi come Rudolf Scharping. Inflessibili, testardi, incapaci di compromessi. I tedeschi li chiamano *Rechthaber,* persone che pensano di avere ragione (*Recht haben*) e sono profondamente convinte che ciò che dicono loro è giusto (*richtig*), mentre quello che dicono gli altri è sbagliato. Il mercante di cavalli Michael Kohlhaas, protagonista di una famosa novella di Heinrich von Kleist, è un classico *Rechthaber.* Per niente al mondo si sposta dalle sue posizioni. Per ottenere giustizia contro un signorotto che gli ha sequestrato due cavalli, si mette a capo di una banda di briganti. Finisce sulla forca, ma sul patibolo gli verrà data ragione e gli saranno restituiti i cavalli in buona salute.

Non c'è solo il *Rechthaber* a credere di sapere tutto meglio degli altri. Il tedesco batte il record delle parole che indicano atteggiamenti di puntigliosa superiorità, così come il finlandese abbonda di vocaboli che indicano diversi tipi di neve, l'arabo diversi tipi di sabbia e l'hindi possiede almeno dodici parole per indicare piatti di lenticchie.

Accanto a chi ha sempre ragione, c'è colui che sa sempre tutto meglio: il *Besserwisser.* L'elenco prosegue: il *Selbstgerechter* è pieno di sé; il *Wichtigtuer* si dà l'aria di far sempre cose importanti; *altklug* si dice di un bambino saputello che fa la morale ai grandi. Non manca l'educatore del traffico (*Verkehrserzieher*), quel personaggio che tutti abbiamo incrociato sulle strade tedesche. Questi è un signore che si dà il compito di educare gli altri alla guida.

*Besserwisser* è per definizione il burocrate tedesco. Chi ha vissuto in Germania si è trovato inevitabilmente di fronte a un funzionario che pur di non riconoscere di aver commesso un minimo errore ne commette di molto più grandi fino a rendere la situazione irrisolvibile e per lui umiliante. Sembra incredibile, ma la notizia che segue comparve sui giornali di Schwalbach nel 1989. Il primo aprile di quell'anno, un impiegato del comune compilò una domanda di asilo a nome di Karol Wojtyla, polacco, di professione papa. Nella documentazione allegata affermava di aver cominciato la carriera come "guida della comunità religiosa degli adoratori di Maria in Polonia", ma di essere stato poi costretto, verso la metà degli anni settanta, a trasferirsi a Roma, dove l'avevano obbligato a diventare il "rappresentante ufficiale della Mafia vaticana". Dagli incartamenti si ricavava anche che il suo predecessore era stato assassinato e che Wojtyla, dopo dieci anni di prigionia in Vaticano, era riuscito a scappare, ed era arrivato in autostop fino a Schwalbach. Quando l'impiegato burlone fu assegnato a un altro ufficio, il suo successore trovò la pratica e ritenne suo dovere occuparsene. Al signor Karol Wojtyla, atto d'ufficio 666/89, fu dato un permesso di soggiorno provvisorio e, sebbene nessuno si fosse presentato alla visita di controllo, la macchina burocratica proseguì il suo cammino, mettendogli a disposizione un alloggio in un centro profughi della Renania Palatinato. Solo diversi mesi dopo qualcuno si accorse che qualcosa non andava, forse perché nella fototessera allegata alla domanda spiccava il faccione di Lech Wałesa.

L'unificazione ha portato altri vocaboli alla famiglia di chi sa tutto. Il più famoso è *Besserwessi*, "l'occidentale che sa tutto meglio". Da quando è finito il pathos della caduta del Muro, i tedeschi delle due ex Germanie si chiamano rispettivamente, e spregiativamente, *Wessi* se vengono dall'Ovest e *Ossi* se sono dell'Est. Il *Besserwessi* è il tedesco dell'Ovest che nella Germania Est, ormai inglobata, si è appropriato dei posti di dirigenza, abita nelle rare case restaurate del centro e mangia in ristoranti che nessun tedesco dell'Est può permettersi. Se gli *Ossi* si vestivano in tuta da jogging, considerandola un abbigliamento molto occidentale, i *Wessi* sono anche loro inconfondibili nelle costose giacche rosso bordeaux o verde bottiglia di Karl Lagerfeld. Anche alcuni *Ossi* si sono comprati la giacca bordeaux, ma il marchio di trent'anni di comunismo non è facile da perdere.

*Besserwessi* fu eletta parola dell'anno nel 1991 dalla Società per la lingua tedesca – in concorrenza con *Abwicklung*, svolgimento, il termine con cui viene indicata con un eufemismo la chiusura delle fabbriche tedesco-orientali.

## *Martin Walser, un* Rechthaber *d'eccellenza*

Martin Walser non rinuncerebbe mai a una polemica. Finirebbe sulla forca piuttosto che fare a meno di un punto di vista. Si è giocato la collaborazione con la "Frankfurter Allgemeine Zeitung" polemizzando con il più famoso critico letterario tedesco (ed ebreo), Marcel Reich-Ranicki, a proposito dell'uso strumentale dell'Olocausto da parte di Israele. Ma la vis polemica lo ha anche portato a scrivere il suo più bel romanzo, *Un uomo che ama*, la storia di quando, a settantatré anni, Goethe s'innamorò della diciannovenne Ulrike von Levetzow. "Il fascino dell'amore quando c'è una grande differenza di età," dice lo scrittore con qualche esitazione perché teme di venir identificato con il protagonista del suo romanzo, "è quello di essere un amore ineluttabilmente infelice. Ma è proprio questa ineluttabilità e il fatto che ciò nonostante questi innamoramenti accadano a renderli degni di essere raccontati. Una storia d'amore che funziona è noiosa. Ma con questo romanzo ho voluto smentire un'altra falsa credenza: quell'assunto del classicismo tedesco che ha sempre impregnato la nostra cultura e al quale aveva dato vita proprio Goethe, pronunciando le parole ormai famose secondo cui l'arte permette di superare il dolore. Scrivere sconfigge la sofferenza, la passione, e il tormento, scrisse nei *Wilhelm Meisters Wanderjahre*. Invece io presento nel romanzo un Goethe che soffre, perché quella è la realtà. Scrivere ci dà l'illusione di essere forti, ma non appena finito di scrivere siamo deboli come prima."

A settantatré anni, nella cittadina termale di Marienbad, Goethe s'innamorò della giovanissima von Levetzow. Lo scandalo provocato dalla grande differenza di età non lo trattenne dal chiederne la mano, incaricando di farlo per suo conto l'amico e protettore Karl August di Sassonia-Weimar. Su questa storia di amore e passione Goethe scrisse la *Marienbader Elegie*, la più sublime delle sue liriche.

È stato subito evidente a tutti che Martin Walser, ottantatré anni, raccontando Goethe racconta soprattutto se stesso. Lui però nega: "Prima avevo scritto quattro romanzi su amanti tra i quali vi era grande differenza di età e in quei casi era la donna più vecchia, innamorata di un giovane uomo. Avevano avuto grandi lodi della critica, che come si sa ormai in Germania è in mano alle signore. Quelle stesse che hanno poi stroncato, con parole non facili da dimenticare, il romanzo in cui l'innamorato era un uomo vecchio. 'Un libro moralmente, biologicamente ed esteticamente inammissibile,' avevano sentenziato, e avevano voluto far credere che parlassi di me. Così le ho messe alla prova, scrivendo una storia d'amore in cui la differenza di età è molto superiore a tutti i casi dei miei romanzi precedenti, ma dove il protagonista è Goethe. Di fronte a Goethe non hanno fiatato. Anzi il libro è stato molto lodato, si vede che a Goethe è ammesso quello che agli altri protagonisti dei miei romanzi era vietato".

"Comunque," conclude amareggiato, "il tema della differenza d'età in amore per me è ormai un capitolo chiuso. Oltre Goethe e Ulrike non andrò." Quanta felicità possono dare questi amori tormentati, ci si può chiedere. "Quando parla con Ulrike, Goethe pensa di non aver mai parlato nella sua vita con nessuno come lei. Questa è la felicità."

## 13.

## Donne in quota
## *Quotenfrauen*

> Quanto è innaturale ed egoista quando fanciulle che hanno un fratello, per di più non ammogliato, senza alcun riguardo decidono di sposarsi![1]
>
> Otto von Bismarck alla sorella Malwine

*Ich bin ein feins Mädchen / kann drehen das Rädchen / kann stricken die Maschen / und flicken die Taschen*,[2] dice una popolare filastrocca tedesca, vantando le doti della "brava bambina", che sono: girare la ruota dell'arcolaio, lavorare a maglia, rattoppare le tasche e poi cucire, pulire, cucinare e, come concessione all'infanzia, cantare e saltare. Nel paese famoso per le tre K, *Kinder-Küche-Kirche* (bambini-cucina-chiesa), è chiaro quali fossero i compiti di una figlia, di una madre e persino di una sorella. Bismarck non era l'unico a prendersela per i cessati servigi di Malwine; anche Jacob Grimm scriveva: "la nostra unica sorella ci ha lasciati dopo il matrimonio, così che noi tre fratelli adesso ci ritroviamo a condurre una vita come quella degli studenti". Goethe, al contrario, si era preso a cuore l'educazione della sorella Cornelia. Le inviava consigli epistolari perché si arricchisse culturalmente. "In italiano leggi il *Pastor fido*, se a volte è difficile lasciatelo spiegare da papà. Poi le *Epistole* di Cicerone. Papà le possiede. Se capisci la *Gerusalemme liberata* di Torquato Tasso, leggila... leggi quello che desideri, ma non il *Decamerone* di Boccaccio. In francese prendi le *Lettres* di Plinio. Voglio farti anche una copia delle commedie di Molière. Ecco, per questa volta può bastare," scrisse nel 1765 alla sorella quindicenne. Poi cambiò idea sull'utilità dell'educazione femminile. "*Dienet die Schwester dem Bruder doch früh, sie dienet den Eltern,"*[3] si legge in una sua poesia, "la sorella deve servire il fratello, ma prima deve servire i genitori" perché è questa la "vocazione femminile." Solo servendo gli altri riesce ad avere "il potere che le spetta nella propria casa. La sua vita è un eterno andare e venire, sollevare e portare, preparare e fare cose per gli altri". Dopotutto *"Das Brautkleid deckt alles Herzeleid"*, il vestito da sposa copre ogni dolore, come dice un proverbio.

Nella *Galleria delle donne forti*, le *femmes fortes* del Seicento, una mostra presentata a Düsseldorf qualche anno fa, non c'era nessuna tedesca, né fra le artiste, né fra i soggetti dei dipinti. Rita Süssmuth, all'epoca presidente del Parlamento e una delle poche "donne forti" del Partito cristiano-democratico tedesco, ne era stata la madrina. "In Germania predomina il tipo femminile tradizionale della *femme fragile*," aveva detto nel discorso di inaugurazione, "l'immagine della donna forte e sicura di sé non è ancora veramente entrata nell'idea di femminilità. Anche oggi le donne che vanno oltre il cliché del ruolo tradizionale femminile sono sospette." Nel primo congresso della Cdu dedicato alla "politica della donna" (si era nel 1985), i delegati, pur approvando a malincuore diverse azioni a favore di un programma di emancipazione femminile, concessero gli applausi solo alle oratrici che si presentarono alla tribuna come "casalinghe", sostenendo che "moderno era scegliere la famiglia, non la professione".

A tutt'oggi gli asili nido pubblici in molti Länder non esistono, le scuole materne scarseggiano e le stesse elementari hanno orari "variabili" che rendono molto difficile l'organizzazione a una donna che lavora. La maggior parte delle donne in carriera tedesche infatti non ha figli.

Forse rischiamo di deludere chi si è fatto l'idea della donna tedesca come una bionda valchiria, ma il vero modello femminile tedesco è la *Hausfrau*, la solida casalinga che tira tutto a lucido. Molto più spesso che da noi, a parità di condizioni sociali, è la padrona di casa, non una donna delle pulizie, a sbrigare le faccende. Chi non lo fa non è ben vista, come non lo è una mamma che lavora, se non per stretta necessità. Chi lavora senza averne bisogno viene chiamata denigratoriamente *Rabenmutter*, madre corvo.

Furono le donne della Spd, nel 1988, a proporre l'istituzionalizzazione di quote di posti da riservare alle donne, nel partito, al Parlamento, nel sindacato. Dopotutto era stato il leader della socialdemocrazia tedesca, August Bebel, che cent'anni prima aveva scritto *Donna e Socialismo*, sostenendo una tesi eretica anche per i marxisti, e ripresa poi dalle femministe: non solo la donna era sottopagata e sfruttata nell'industria e nei lavori domestici, ma anche il matrimonio borghese era in fondo una forma di sfruttamento. Mentre in Italia, in Francia, in Inghilterra e negli Stati Uniti il femminismo era largamente diffuso già alla fine degli anni settanta, in Germania rimase a lungo un fenomeno marginale limitato alle intellettuali eccentriche o alle omosessuali.

Tutto cominciò in una riunione prima di Natale che doveva preparare il congresso della Spd a Münster. Alcune tra le più famose parlamentari socialdemocratiche, Heidemarie Wieczorek-Zeul, Herta Däubler-Gmelin e Renate Schmidt, si stavano scambiando ricette sui dolci che avevano preparato per le feste. All'improvviso Renate Schmidt si rivolse al responsabile dell'organizzazione delle liste elettorali e gli chiese: e tu quanti posti hai previsto per noi? Non ebbe che una risposta vaga. Le tre donne capirono l'antifona. Misero da parte le piacevolezze culinarie e decisero che era giunto il momento di chiedere l'istituzione di una quota che assegnasse d'ufficio il 40% delle cariche di partito e dei mandati alle donne. Un sondaggio della rete televisiva Zdf confermò che il 71% delle donne tedesche era con loro. Nacquero così le "donne in quota". Fino a quel momento le carriere femminili in politica si potevano contare sulle dita di una mano, erano state delle eccezioni: tanto per cominciare dovevano essere donne belle, comunque disinvolte e sicure della propria capacità di seduzione. Nessuno ne aveva contrastato l'ascesa perché erano così poche da non fare ombra a nessuno. Nella Cdu, salvo Rita Süssmuth, non c'erano donne ai vertici, tra i liberali solo Hildegard Hamm-Brücher e nella Spd erano tre o quattro, di cui la più famosa (probabilmente perché la più bella) era Heidemarie Wieczorek-Zeul. Un doppio cognome portato come simbolo di indipendenza perché in Germania normalmente le donne prendono il cognome del marito e basta. "Heide la Rossa", come veniva chiamata per la massa di capelli rossi e per le sue posizioni particolarmente di sinistra nel moderato Partito socialdemocratico, oggi ha settant'anni. I capelli si sono sbiaditi, ma lei è sempre in politica. Renate Schmidt svolge incarichi di prestigio come consulente industriale, mentre la più rigida, o più maschile delle tre, Herta Däubler-Gmelin, che è stata ministro della Giustizia del primo governo Schroeder, non è sopravvissuta a una pesantissima gaffe: aveva paragonato la guerra preventiva di Bush alla politica di Hitler, e Schroeder le aveva chiesto di dimettersi.

In pochi anni, grazie alla sistematicità tedesca, le "quote" femminili sono diventate norma in molti Länder, per tutto il pubblico impiego. I colloqui di assunzione per un impiego pubblico si svolgono alla presenza di un (più spesso "una") "responsabile per la parità fra i sessi". I maschi sostengono che la "responsabile per la parità" avrebbe spesso pregiudizi nei loro confronti. E denunciano "situazioni di umiliazione quotidiana" per i bambini che a volte nelle scuole "devono imparare a fare la calza mentre alle femmine non si richiede certo di saper fare il fabbro o il falegname; e mentre l'aggressività femminile viene lodata come dimostrazione di carattere, quella dei maschi viene interpretata come disturbo del comportamento". Qualcuno chiede che siano ripristinate le scuole divise, affinché i maschi si sentano più sicuri.

Sulla carta, poi, la legge favorisce le donne anche nei divorzi (la realtà è abbastanza diversa), ma i mariti che ottemperano alla legge devono pagare alimenti salati, pur avendo diritti limitati nei confronti dei figli. *Unterhaltsleichen*, cadaveri da alimenti, li definiscono i loro amici. Qualche padre defraudato ha fatto ricorso alla Corte di giustizia del Lussemburgo e sono nate numerose associazioni per la difesa dei diritti dei maschi.

La *Quotenfrau* è ormai un pezzo da museo, inserita nel catalogo dei "nuovi esseri umani" al Museo per l'Igiene di Dresda, insieme ai bambini in provetta e ai portatori di pacemaker. Ma il termine non è un complimento. Le stesse "donne in quota" negano di esserlo, e chi viene così designata dai giornali la prende come una diminuzione delle proprie capacità. È come dire: "Sei stata scelta solo perché era necessario, non per i tuoi meriti". Eppure proprio una di loro è diventata il primo cancelliere donna della Germania. Anzi la sua è una "doppia quota". Angela Merkel fu cooptata da Kohl in politica nel 1990 perché al cancelliere serviva avere, nel primo governo della Germania riunificata, una cristiano-democratica donna e qualcuno che venisse dalla Germania Est. Lei aveva entrambe le caratteristiche. Ma a sorpresa si è rivelata un osso duro, e piano piano ha fatto fuori tutti i suoi rivali maschi, a cominciare dal suo scopritore.

### *Ritratto di Angela*

Era stato uno choc culturale per il mondo politico, e un vero e proprio terremoto per la Cdu quando nel 2001, al congresso di Essen – dopo un quarto di secolo sotto la guida di Kohl, e un breve interim di Schäuble –, il vertice della Cdu si era piegato ai desideri della base che voleva una faccia nuova, estranea agli scandali che avevano colpito il partito, e aveva eletto presidente della Cdu Angela Merkel. Con la sua aria onesta e senza pretese – sarebbe difficile immaginarla con una valigia imbottita di milioni di marchi!, avevano scritto i giornali – *das Mädchen*, la ragazza, come la chiamava Kohl, era diventata la beniamina della demoralizzata base cristiano-democratica che si era aggrappata a lei per restituire credibilità al partito. Così la quarantacinquenne ragazza dell'Est era stata nominata al posto che era stato di Adenauer prima e del cancelliere della riunificazione poi. Era diventata così la prima donna, e la prima tedesca nata e cresciuta nella Ddr, a guidare uno dei due grandi partiti che dominano la scena politica tedesca dalla fine della guerra.

La sua potrebbe essere una storia da film. Laureata in fisica perché nella Ddr era la cosa più politicamente neutra da fare (nemmeno i comunisti possono disconoscere le leggi di natura, diceva), non aveva rinunciato allo studio di lingue e psicologia, cosa che a quei tempi nella Ddr appariva un po' contestataria, e già dai primi giorni caotici della caduta del Muro aveva cominciato a fare attività politica. Come tutti nella sua famiglia. Dove capitava: la madre di Angela si era iscritta al Partito socialdemocratico, il fratello nei Verdi, lei a Rinnovamento democratico, un movimento nato intorno alla chiesa evangelica. Alle elezioni Rinnovamento democratico non prese voti e passò quasi in blocco nelle file della Cdu. Lei ebbe un incarico come seconda portavoce di Lothar De Maizière, che fu per sei mesi premier della Ddr. Erano i mesi delle trattative per la riunificazione e, sebbene Angela fosse solo la viceportavoce, toccò a lei accompagnare De Maizière perché il portavoce titolare aveva il terrore degli aerei e non poteva viaggiare.

Figlia di un pastore protestante amburghese, che si era trasferito con la famiglia nella Ddr quando lei aveva tre anni, si era sposata giovanissima e presto aveva divorziato, come succedeva nella Germania orientale dove ci si sposava principalmente per avere diritto a un'abitazione. Merkel infatti è il nome del primo marito. Dopo il divorzio aveva incontrato un altro uomo, il chimico Joachim Sauer, con cui aveva convissuto per diciassette anni prima che il cardinale Meisner, una volta che era diventata ministro, la richiamasse all'incongruenza di una vita fuori dal matrimonio per qualcuno che rappresentava un partito cristiano. Lei, obbediente, si sposò.

Si prese poi qualche piccola rivincita. Sorrise divertita quando Edmund Stoiber, nella campagna elettorale del

2002, pur di ottenere più voti nei nuovi Länder orientali, annunciò di aver nominato "ministro ombra per la famiglia" una giovane donna dell'Est, per di più ragazza madre, che i giornali soprannominarono subito la "tre-volte-in-quota". Nel 2005 Angela vinse le elezioni. Si temeva che le sue origini "dell'Est" si sarebbero potute trasformare in una trappola. Al pari di altri politici dei paesi dell'Est europeo e della Germania orientale e a differenza dei politici della Germania occidentale, la cancelliera non aveva legami forti con l'Europa di Bruxelles. Da capo dell'opposizione si era subito allineata alle tesi del presidente Bush sull'"obbligo morale" di fare la guerra all'Iraq.

Invece nella sua prima visita da cancelliere a Washington osò parlare di Guantanamo e definirlo pubblicamente inaccettabile. Non risparmiò neanche Mosca. Nella visita a Putin incontrò i dissidenti russi. Eppure la visita venne valutata positivamente dal Cremlino, tanto più che Angela Merkel è il primo cancelliere tedesco dopo Bismarck in grado di parlare ai russi nella loro lingua. Anche a Bruxelles la presidenza di turno tedesca venne valutata un modo di fare politica franco che indusse "Le Monde" a parlare di uno *stile Merkel,* per indicare la sua capacità di affrontare argomenti scomodi per i suoi interlocutori internazionali. Aggiungeremmo, una capacità di mediazione piuttosto consona a una psicologia femminile. La novità della Merkel stava anche nel modo di fare – diretto, sobrio, essenziale – che dopo anni di *Politikverdrossenheit* la portò in poche settimane alla Cancelleria a balzare di colpo al primo posto (e con un largo margine) nell'indice di popolarità dei politici tedeschi.

La *Grosse Koalition* del suo primo mandato alla Cancelleria era una dimensione che le si confaceva e anche una certa lentezza nelle decisioni veniva giustificata come necessità di fare compromessi con la Spd. Poco alla volta riuscì anche a eliminare i concorrenti interni nel partito: chi fu promosso alla presidenza della Repubblica, chi si cercò una nuova carriera nell'industria.

La Angela del secondo mandato (2009) è una cinquantenne con una rodata divisa di giacche colorate e pantaloni neri, alla guida di un governo che sembra una vetrina del politicamente corretto come solo un paese forte può permettersi: cancelliera donna, ministro degli Esteri gay (che porta il suo compagno nei viaggi di stato), ministro delle Finanze in sedia a rotelle e ministro dell'Economia di origine asiatica. È diventata il leader di una Germania che ha superato la crisi ed è di nuovo la prima della classe.

Continua a essere la più amata dai tedeschi, in compenso è sempre meno amata nel resto d'Europa. Dopo il tandem con il presidente francese Sarkozy, che valse alla strana coppia il soprannome *Merkozy* (termine in gara come *parola dell'anno* per il 2011), e dopo un inusuale aperto sostegno a Sarkò nelle elezioni presidenziali francesi, si è trasformata nella paladina del rigore tedesco.

Il termine *Schicksalgemeinschaft*, "unione verso un destino" (sottinteso "infausto"), come lei stessa ha più volte definito l'unione monetaria, la dice lunga. È un tema che non le piace e in effetti si ha l'impressione che sotto la sua guida la crisi finanziaria europea stia diventando una matassa sempre più ingarbugliata. In tempi difficili appare più evidente che l'Europa per lei non è una questione di cuore. "Non è un'europea nata," ha detto di lei il decano della politica tedesca, l'ex cancelliere Helmut Schmidt, nonagenario lucido e unica persona a cui venga consentito di fumare negli studi televisivi tedeschi. Le riconosce "una capacità tattica, ma non una visione d'insieme".

Un giudizio condiviso da molti.

Dopo aver vinto le elezioni del 2013, Angela resta la donna più potente del mondo nella classifica della rivista americana "Forbes", ma il sorriso luminoso che le dà un'aria da bambina sorpresa è diventato sempre più raro.

# 14.

## Il sentiero per gite a piedi
## *Wanderweg*

> Passione per le passeggiate, beata passione tedesca.[1]
>
> HEINRICH VON TREITSCHKE

Li conosciamo bene i turisti tedeschi di mezz'età, muniti di zaino e scarponi che camminano per le nostre valli e montagne, negli angoli più remoti della penisola. Vengono quasi sempre fuori stagione, quando di turisti ci sono solo loro, incuranti del clima, dolce rispetto alle asprezze del Mare del Nord o delle scure foreste tedesche. Sono i *Wanderer*, i camminatori, traduzione approssimativa perché *wandern* è ben più di camminare e *Wanderweg* ben più di un sentiero per andare a piedi. In tedesco *spazieren* è passeggiare, *laufen* è camminare, ma *wandern* contiene un senso di libertà: di spazi, silenzi e avventura, tutto quello che crea il profondo rapporto con la natura che è un elemento fondante del sentirsi tedeschi. L'aveva notato già Tacito: "I germani non sopportano di avere case vicine tra loro. Vivono divisi e lontani. Quando piace loro una sorgente, un campo, una foresta, costruiscono strade ed edifici, ma non attaccati gli uni agli altri com'è nostro costume: bensì ognuno circonda la propria casa di uno spazio".[2] Gli dei tedeschi vivevano nei boschi, che erano affollati di spiriti, personaggi mitologici, esseri che si trasformavano in animali o in giganti, folletti che uscivano dai tronchi tagliati per spaventare i taglialegna.

Il legame con la natura ha tradizioni antiche ed è ancora oggi indivisibile dalla cultura tedesca, anche se i giovani, oltre al tradizionale *wandern*, amano la mountain bike o il jogging e le maratone. Per nessuna ragione si toglierebbero i pantaloni di microfibra per indossare i tipici calzoni chiusi sotto il ginocchio dell'autentico *Wanderer.* Anzi, per alcuni, la parola *wandern* assomiglia troppo a marciare ed evoca una "Germania" sciovinista e militarista.

L'amore per la natura era in origine sia di destra sia di sinistra. Ci sono stati movimenti socialisti di "amici della natura" fin dall'Ottocento, e August Bebel, fondatore della socialdemocrazia tedesca, fu un ecologista *ante litteram* sui temi della deforestazione e dell'energia rinnovabile. Kurt Tucholsky definiva così il suo sentirsi tedesco: "Essere nelle montagne, dove i campi e i prati sboccano in piccoli sentieri, al margine di piccoli laghi che odorano d'acqua, di legno e di sassi, e dove uno può stare completamente da solo".[3]

Ma dopo che il nazismo se ne fu appropriato, l'amore per la natura venne considerato soprattutto patrimonio della destra. Ernst Moritz Arndt esortava i propri concittadini ad abbandonare la degenerata vita della città per la campagna. Diceva che l'anima tedesca è connotata da "una comprensione muta, un'amicizia intima e un approccio gentile nei confronti della natura". Il suo allievo Wilhelm Heinrich Riehl teorizzava che le foreste erano la ragione della grandezza della Germania, mentre l'indebolimento di Francia e Inghilterra come nazioni aveva avuto inizio dal momento in cui avevano cominciato ad abbatterle per fare campi coltivati. E i *Wandervögel,* gli uccelli migratori – come si chiamavano i giovani che facevano viaggi a piedi o in gruppo –, furono in gran parte assorbiti dalla Gioventù hitleriana: con il nazismo la natura si confonde con il destino delle razze.

Ai nostri tempi, l'empatia con la natura si manifesta in Germania soprattutto nell'impegno a rispettarla, a proteggerla dai guasti provocati dallo sviluppo industriale. Ma il fenomeno culturale è rimasto intatto. In Germania la coscienza ecologica non è nata, come nel resto dell'Europa, con la famosa pubblicazione del Club di Roma, *I limiti della crescita,* nel 1972. Nel 1914 esistevano quattordici pubblicazioni sul *Naturschutz,* la difesa della natura, che già allora dibattevano la questione che è ancora oggi il dilemma centrale dell'ecologia: come espandere l'economia riducendo il più possibile l'impatto sulla natura. E la stampa tedesca ha sempre continuato a dedicare grande spazio ai problemi ecologici. Famosa la copertina dello "Spiegel" del 1981: *Waldsterben*, la morte delle foreste. In quegli anni i due più importanti autori di entrambe le Germanie scrissero un romanzo sulla catastrofe ecologica. Christa Wolf, a Est, descriveva la tragedia di Chernobyl in *Guasto*, mentre *La ratta* di Günter Grass era la visione di un mondo distrutto dalla guerra atomica. La possibilità di un disastro ambientale era già allora una preoccupazione per i tedeschi, mentre fuori della Germania pochi se ne curavano. Oggi nel cortile di qualsiasi edificio tedesco si trovano quei contenitori, di quattro colori diversi a seconda della destinazione dei rifiuti, nei quali ognuno è invitato cortesemente a gettare l'immondizia suddivisa in carta, cartone, vetro e altro. E per chi fosse incerto su dove sia opportuno buttare un rifiuto, poniamo un vecchio cinturino di un orologio, esiste l'*Abfallberatung*, un "consultorio rifiuti", pronto in ogni amministrazione comunale a fornire la risposta appropriata.

L'Ufficio federale per l'ambiente comunica con orgoglio che nel 2010 la Germania ha importato 6,8 milioni di tonnellate di rifiuti (soprattutto dall'Italia e dai Paesi Bassi) che vengono riciclati e riutilizzati come materiale di costruzione ed Eurostat conferma che il 97% dei tedeschi sono favorevoli a comprare oggetti prodotti con materiali riciclati.

Alla Fiera del libro di Francoforte del 2003, gli ambientalisti tedeschi raccolsero l'impegno degli scrittori – perfino dell'autrice di *Harry Potter* J.K. Rowling – a obbligare gli editori a stampare i loro libri su carta riciclata. Altri sostengono che il riciclaggio comporta comunque una buona dose d'inquinamento e che sarebbe meglio bruciare la carta usata negli impianti di riscaldamento. Discussioni intense, adatte a una coscienza ecologica ben sviluppata.

Del resto basta scorrere le "parole nuove dell'anno", scelte ogni anno dalla Società per la lingua tedesca, per farsi un'idea di quante di loro abbiano a vedere con l'ecologia. *Umweltschutz*, protezione dell'ambiente, compare già nel

1971. Nel 1978 *Die Grünen*, il neonato partito dei Verdi; nel 1979 *Ölschock*, lo choc petrolifero; nel 1983 *Waldsterben*, la morte delle foreste; nel 1984 *Umweltauto*, l'auto catalizzata; nel 1986 Chernobyl; nel 1987 *Ozonloch*, il buco di ozono; nel 1988 *Atommüllskandal*, lo scandalo delle scorie nucleari; nel 1990 *Verpackungsflut*, l'eccesso di imballaggio dei prodotti commerciali; nel 2007 *Klimakatastrophe*, la catastrofe climatica; nel 2009 *Abwreckprämie*, il bonus per la rottamazione.

I tedeschi hanno esportato con successo la loro coscienza ecologica e, anche se i Verdi non sono un grande partito nella maggior parte dei paesi europei, l'Eurobarometro sull'ambiente mostra che l'atteggiamento dei cittadini dei 27 paesi dell'Unione Europea si sta avvicinando a quella che prima era una peculiarità tedesca e nordeuropea. Il 96% degli europei afferma che proteggere l'ambiente è una questione molto importante o piuttosto importante per loro personalmente. E il 78% pensa che i problemi ambientali abbiano un impatto diretto sulla loro vita. L'accordo è unanime, da paese a paese varia solamente, ma non di tanto, l'intensità.

I tedeschi restano però un passo avanti. Anche l'ultima dimora è diventata un ritorno alla natura. La *Ruheforst*, foresta del riposo, prende le veci del tradizionale cimitero e il caro estinto invece che in una tomba viene sepolto ai piedi di una quercia che porta una targa con il suo nome. La famiglia l'affitta per novantanove anni. "Dà un grande senso di pace una cerimonia di sepoltura nel silenzio del bosco interrotto solo dal canto degli uccellini," ci ha detto un signore che ha sepolto un parente nei boschi della Eifel, vicino a Colonia, "e poi non bisogna neanche occuparsi della cura della lapide." Le *Hausfrauen* tedesche hanno sempre messo molta cura nel tenere in ordine le lapidi delle loro famiglie e i cimiteri tedeschi sono tra i più lustri che ci sia capitato di vedere.

Da quando i Verdi sono entrati nei governi regionali e poi in quello federale nel 1998, il paesaggio si è trasformato. Da nord a sud sono spuntate ovunque le sagome dei mulini a vento, non solo sulle coste ventose del Meclemburgo, ma anche sulle poco ventilate coste della Renania. E già c'è chi si preoccupa perché disorientano gli uccelli migratori... Quando l'Elba straripò nella grande alluvione del 2002, la salvezza dei *Wanderwege*, i sentieri per le gite a piedi, fu uno dei primi pensieri delle squadre di soccorso.

## *L'Elba, il miracolo ecologico di un fiume comunista*

Un turista giapponese che sale sulla Bastia, una fortezza naturale di rocce di basalto che scendono a picco sull'Elba, è di buon auspicio. Il segno che la normalità è ritornata nella Svizzera sassone, come viene chiamata la valle dell'Elba tra la Sassonia e la Repubblica Ceca, una cinquantina di chilometri a monte di Dresda. In questa zona l'Elba provocò "l'alluvione del secolo", se non addirittura del millennio. Venti morti solo sul territorio tedesco. Danni per ventitré miliardi di euro. Non si era mai vista tanta violenza in un fiume solitamente placido, le cui tracimazioni erano state sempre diligentemente annotate, fin da quando furono costruite le prime dighe nel 1200: con segni incisi sui muri delle case, o sulle rocce, e postille nei registri delle parrocchie. L'ultima inondazione risaliva al 1845.

"I giapponesi sono tornati," conferma il cassiere del parcheggio prima della salita per la Bastia. Per farci un'idea di cosa sia stata l'alluvione ci raccomanda di guardare dall'alto della Bastia la cittadina lì sotto, Rathen: "Nei giorni dell'alluvione non si vedevano più nemmeno i tetti". Il fiume superò il livello record di 9,40 metri.

La melma è stata rimossa, alberghi e caffè sono stati riaperti. Le macchine per eliminare l'umidità e gli aeratori che tolgono il puzzo di muffa hanno lavorato per mesi con cura. Ma la massa dei turisti non è tornata anche se le ferie d'autunno sono le preferite dai *Wanderer*. "Eppure i *Wan-*

*derwege* sono intatti!" dicono stupiti gli albergatori. Ha ripreso a funzionare la Weisse Flotte, la flotta che è l'orgoglio dell'Elba. I grandi barconi bianchi partono tutti i giorni dalla terrazza del castello di Brühl a Dresda per portare i turisti fino al confine boemo.

Dresda ha ritrovato il suo pieno splendore. È stato anche riaperto il castello di Pillnitz, con la scala elegantemente arcuata che sale dalla riva del fiume, ed è stato ripulito il giardino, che è quanto di più vicino all'Italia si possa trovare in Germania, grazie al clima temperato dell'Elba che fa fiorire camelie, mandorli e limoni. L'amore per le belle arti è sempre stato parte dell'identità e della storia sassone, come la devozione alle arti militari era una tradizione prussiana. Porcellane contro cannoni. Pochi chilometri più a nord, dove ora inizia il Land Sassonia Anhalt, c'era un tempo il confine tra Prussia e Sassonia. Lì, nel prussiano castello di Schönhausen, era cresciuto Otto von Bismarck: un altro castello sull'Elba, ma che differenza! Orrendo, lo ricorda il cancelliere di ferro nelle sue memorie, perfino "con la vista sul cimitero".

Si pensa al futuro, a impedire nuove catastrofi. Si è installato sull'Elba un sistema di sonde laser che non possono venire travolte dall'acqua come è successo agli idrometri durante l'alluvione. Ma non si sono placate le polemiche sulle lentezze e la mancanza di coordinamento con cui le autorità regionali e locali hanno fatto fronte all'alluvione: in alcuni casi i cittadini furono avvertiti con enorme ritardo, in altri per radio, dimenticando però che non era più il tempo della Ddr quando di radio ce n'era una sola. I sindaci di diverse città hanno ordinato la riattivazione delle sirene, ottimisticamente abolite nel 1990. Finita l'era della Guerra fredda, pensarono allora i cittadini dell'Est, sono finiti anche gli allarmi.

All'inizio degli anni novanta i tedeschi dell'Est avevano dato i loro voti al cancelliere Kohl che prometteva "paesaggi fiorenti". Poi glieli avevano tolti quando i sogni hanno tardato a realizzarsi. Nel 2002 è stato grazie soprattutto al loro voto se è stato rieletto un cancelliere socialdemocratico. Nel frattempo qualche miracolo c'è stato. L'Elba è uno di questi, anche se pagato con il crollo dell'industria della Germania Est. Per decenni era stato il fiume più inquinato della Germania. Un litro d'acqua sarebbe bastato a uccidere un bambino. I tedeschi, che pure nutrono per i fiumi una venerazione quasi pari a quella per le foreste, l'avevano abbandonato al suo destino. Avevano concentrato gli sforzi sul Reno. L'Elba depositava ogni anno nel Mare del Nord venticinque tonnellate di mercurio, i lucci puzzavano di acido fenico, sulle anguille, con cui si cucinano ad Amburgo zuppe prelibate con prugne secche e speck, crescevano ormai stomachevoli escrescenze a forma di cavolfiore. I pescatori avevano cambiato mestiere. Pescare non era vietato, ma mangiare il pesce sì. Anche sul piano dei miti e dei simboli era più adatto il *Vater Rhein*. L'Elba era un fiume comunista, un emblema della Guerra fredda. Dalla sorgente nella Repubblica Ceca fin quasi al Mare del Nord, dietro le sue rive c'erano barriere di reti metalliche e filo spinato.

Però era anche il solo in Europa, dove i fiumi sono tutti imbrigliati da argini e banchine, a possedere sponde naturali e terreni alluvionali. Tra Dessau e Barby, dove la Saale si butta nell'Elba, querce e olmi, pioppi neri e salici argentati, cornioli e arbusti di ribes formano una foresta impenetrabile fin sulla riva, dove i castori costruiscono le tane, volano le aquile marine e covano le cicogne. Dopo la riunificazione, diecimila ettari di terreno sono stati messi sotto la tutela del Wwf per farne una riserva biologica, una delle 328 biosfere nel mondo, un progetto da quindici milioni di euro. E di recente sono tornati a vivere nell'Elba perfino i salmoni, il segno più sicuro della pulizia delle acque. Disorientati però in un fiume che non conoscevano più da cinquant'anni, quando si è trattato di ridiscendere a mare dopo aver deposto le uova, sono rimasti impigliati, come baccalà messi a seccare, nel sofisticato sistema di dighe e canali che regolano il flusso dell'acqua nelle vicinanze di Amburgo.

"Abbiamo sempre vissuto con le spalle voltate all'Elba, è il momento di cambiare," dicono le autorità di Amburgo.

Anche i piani urbanistici si estenderanno sempre più lungo il fiume. Dopo aver lasciato quelli che un tempo erano i veleni comunisti, l'Elba entra nel trionfo tecnologico del più grande porto tedesco, il secondo in Europa. Da Lauenburg comincia il labirinto dei canali. Le navi diventano sempre più grandi e l'Elba va scavata sempre di più. Nel 1900 era profonda sei metri, negli anni trenta dieci, negli anni settanta tredici, ora dovrebbe raggiungere i quattordici e mezzo. Il fiume non ha pace. La questione se la tecnica debba adattarsi alla natura o viceversa è oggetto di continue discussioni. Gli ambientalisti protestano, ma proprio ora che ha finalmente riconquistato il suo hinterland che era stato innaturalmente tagliato dalla cortina di ferro, Amburgo non vuol rinunciare a ritrovare il primato in Europa. L'Elba è diventata il collegamento più diretto tra il Mare del Nord e Praga e, attraverso i canali, con gli altri porti anseatici del Baltico e con la Russia. In pochi anni il traffico dei container nel porto di Amburgo è salito a più di ottanta milioni di tonnellate. Gli amburghesi, finora poco interessati a che cosa succedeva prima che il fiume arrivasse da loro, sono stati però sempre molto orgogliosi del suo espandersi a dismisura nella loro città. Tanto che i forestieri non sanno mai se Amburgo è sul mare o no.

# 15.

## La non parola
## *Unwort*

> Se diventassimo consapevoli dell'eredità che giace in ogni parola, studieremmo i nostri dizionari, catalogo della nostra ricchezza e scopriremmo che dietro ogni parola vi è un mondo. Chi usa le parole mette in moto dei mondi, degli esseri divisi: quello che può consolare l'uno, può ferire a morte un altro.
>
> HEINRICH BÖLL, *La lingua come luogo di libertà*, discorso del 1959

Il tedesco ha più di quattrocentomila parole, centomila più dell'italiano, ma non preoccupatevi. Se vi manca un vocabolo o avete qualche dubbio sull'ortografia, in Germania avrete a disposizione un pronto intervento, come per aprire la porta di casa se rientrando vi accorgete di esservi dimenticati la chiave. Due numeri verdi dotati di una squadra di esperti sono pronti a rispondervi. Funzionano. Ne abbiamo fatto uso per questo libro. Uno è quello della redazione del Duden, il secondo è quello messo a disposizione dalla Gesellschaft für die deutsche Sprache. La Società per la lingua tedesca ha compiti molto più ampi della nostra Accademia della Crusca. Per esempio sceglie la Parola dell'anno: il neologismo che ogni anno si distingue per interesse linguistico o storico-sociale. Ogni dicembre una commissione della Società elegge le tre parole vincitrici, come in un concorso per Miss Italia. E i giornali tedeschi dedicano all'evento almeno tante pagine quante i giornali italiani alle miss.

Il concorso cominciò nel 1971, e le parole vincitrici di quegli anni rivelarono subito la particolare coscienza ecologica dei tedeschi. Ma anche quando le parole vincenti rispecchiano avvenimenti storici e politici comuni ad altri paesi, risaltano la complessità e l'infinita precisione della lingua tedesca. Ricordate le proteste che dilagarono negli anni ottanta contro i missili nucleari di lunga gittata che la Nato dispiegò in diversi paesi europei? La Germania fu investita in quegli anni da un'ondata pacifista, la seconda del dopoguerra (la prima era avvenuta in occasione della ricostituzione delle forze armate tedesche nel 1949). Le proteste contro gli euromissili divisero la coalizione social-liberale del cancelliere Schmidt e alla fine provocarono la caduta del suo governo. Ma se per ogni altro paese europeo la Nato si "riarmava" (*aufruesten*), in Germania la dizione ufficiale era *Nachrüstung*: il termine sottintendeva che l'Occidente si riarmava sì ma dopo (*nach*) e quindi *di conseguenza* all'ammodernamento dei missili nucleari sovietici. Dire che la Nato si "riarmava" per i tedeschi sarebbe stato già dar ragione ai pacifisti. La parola *Nachrüstung* vinse il concorso nel 1979. Altra parola curiosa era *Gastarbeiter*, letteralmente "lavoratore ospite". Ci sembrò una correttezza politica *ante litteram*; solo più tardi capimmo che era un modo per chiarire che gli ospiti dopo un certo tempo tornano a casa loro.

E come dimenticare l'immancabile messaggio mattutino del bollettino meteorologico che annunciava "*überfrierende Nässe*", ghiaccio in formazione, dandoci l'impressione che l'umidità gelida delle strade aspettasse proprio il passaggio della nostra auto per congelarsi e farci sbandare? Certamente Sigmund Freud non avrebbe potuto mettere a punto la psicoanalisi se non avesse avuto uno strumento come la lingua tedesca in cui trovava già pronte quelle parole "freudiane" che hanno fatto impazzire i traduttori. Per esempio *unheimlich*, che significa "inquietante, terribile" e deriva dalla negazione di *Heim* (casa, focolare). Termine perfetto per spiegare che l'ignoto incute timore.

Qualche volta i giurati della Società per la lingua tedesca si lasciano sedurre da quelle che Mark Twain definiva "non delle parole, bensì delle processioni alfabetiche". Un bell'esemplare, che farebbe la gioia di chi si diverte a contare le lettere alla ricerca della parola tedesca più lunga, è *Rindfleischetikettierungsüberwachungsaufgabenübertragungsgesetz*, ovvero "legge per la ripartizione dei compiti sul controllo delle etichettature della carne bovina". In vigore nei mesi della mucca pazza, vinse il concorso nel 1999.

Da alcuni anni le autorità preposte alla tutela della lingua hanno deciso di scegliere anche le "non parole", le parole spazzatura dell'anno. Da additare al biasimo collettivo. Un concorso in negativo: il contrario della "parola" non può essere che una cosa abietta. Molte non parole vincitrici sono espressioni inventate dai nazisti che sono ricomparse negli ultimi tempi: come *ausländerfrei* (libero da stranieri) o *Überfremdung* (stranierizzazione). Altre sono eufemismi per mascherare realtà dolorose come la disoccupazione: per esempio *sozialverträglicher Stellenabbau*, che significa licenziamenti socialmente sostenibili.

La crisi ha fatto sentire il suo peso sia con le parole dell'anno, sia con le "non parole". Nel 2010 si è classificato *Wutbürger* (un neologismo giornalistico per definire i cittadini adirati); nel 2011 *Stresstest*. Tra le parole "negative" invece nel 2008 ha vinto *notleidende Banken*, le banche sofferenti; nel 2009 *Betriebsratsverseucht*, letteralmente "appestati dal sindacato aziendale".

"Un popolo di lettori," dice dei tedeschi Peter Handke. E tali i tedeschi si sono sempre considerati. Le cifre danno loro ragione. Per essere definito "un lettore abituale" in Italia basta comprare un libro all'anno, in Germania uno al mese. Ma uno studio dell'Ocse sui livelli scolastici in vari paesi del mondo, il Programma per la valutazione internazionale degli studenti, più conosciuto sotto l'acronimo Pisa, ha messo gli studenti medi tedeschi al ventiduesimo posto nella classifica. Il 25% di loro sono "a rischio analfabetismo," ha sentenziato. Per la Germania fu uno choc. "*Wissenschaft und Bildung*", la scienza pura e la formazione dell'individuo, sono da sempre i pilastri dell'identità tedesca.

L'università è l'istituzione che ha goduto di un prestigio ininterrotto, il professore tedesco veniva guardato con simpatia perfino dal dissacratore Tucholsky, che lo prendeva affettuosamente in giro: "Camminava per i vicoli curvi, con il cappello floscio e il cappotto abbondante, una pancetta a botte, non più giovane, con le basette grigie. Se anche dimenticava l'ombrello si commentava: conosce la sua materia. Un'acqua cheta, a volte profonda: il vecchio professore".[1]

Molti hanno fatto subito rilevare che la media è stata abbassata dalla presenza di un gran numero di ragazzi stranieri, la cui comprensione del tedesco resta per anni insufficiente. Sotto lo choc dei risultati del Pisa, pur di salvare la *Bildung* i tedeschi si sono rassegnati ad accettare una realtà che avevano sempre negato, quella di essere una terra di immigrazione. Hanno finalmente deciso di prendere misure attive per integrare gli stranieri nelle scuole. Hanno aumentato le spese per l'istruzione del 15% e hanno istituito un'autorità centrale per assistere e stimolare i Länder che nel sistema decentralizzato tedesco hanno competenze pressoché totali sull'istruzione. I risultati ci sonto stati: nel 2009 la Germania è ritornata nella media Ocse per i livelli di lettura e in posizioni nettamente superiori alla media per la matematica e le scienze, ottenendo un nono e decimo posto. Notiamo per inciso che in Italia, dove i livelli degli studenti erano addirittura inferiori a quelli tedeschi, dello studio Pisa non si è neanche parlato: era e rimane piazzata tra la venticinquesima e la trentesima posizione.

## *Il santuario del libro*

È un luogo di pellegrinaggio, un santuario. I pellegrini vi tornano ogni anno e si riconoscono dalle valigette nere che trascinano per i corridoi dopo averle diligentemente riempite di tutti gli opuscoli e i cataloghi che riescono ad accumulare. Arrivano a decine di migliaia per sei giorni all'anno, percorrono i lunghi passaggi e gli immensi saloni e qualche volta non resistono alla tentazione di infilare nelle valigie anche qualche novità, che in libreria non è ancora comparsa e che però alla Fiera non è in vendita. Parliamo naturalmente della Buchmesse di Francoforte.

È la fiera del libro più grande del mondo che ogni anno supera se stessa: 7300 espositori da 110 paesi, una rafforzata presenza di editori americani e ben 3300 case editrici tedesche. Vanta numeri da record per editori, titoli, operatori e non ha rivali come mercato per i diritti editoriali.

Lo stand dei vocabolari è sempre uno dei più difficili da avvicinare, riempito com'è da una folla in raccoglimento di fronte all'oggetto che meglio sintetizza la passione tedesca per la lingua e per la classificazione sistematica. In tedesco si pubblicano lessici e glossari su tutto: un Helmut-Kohl-Lexikon che raccoglie le espressioni e le parole di moda all'epoca del cancelliere della riunificazione, un glossario della pubblicità politicamente corretta nella Ddr comunista, il vocabolario della malavita berlinese, oppure il lessico dell'ultima generazione di Internet. Il Duden per i tedeschi non è solo un lessico, è un'istituzione. Il 90% dei tedeschi lo conosce. In quale altro paese un dizionario resterebbe per mesi in cima all'elenco dei bestseller?

# 16.

## Lo spirito del tempo
*Zeitgeist*

> Il mondo è alla rovescia. Il migliore cantante rapper è un bianco. Il migliore giocatore di golf è un nero. La Coppa America è stata vinta dagli svizzeri. I francesi chiamano arroganti gli americani e i tedeschi rifiutano la guerra.
>
> *Barzelletta su Internet*

"Che cos'è lo *Zeitgeist*? Un genio, un demone? O forse un *Poltergeist*, un essere che emerge da vecchie tombe?" si chiedeva Johann Gottfried Herder, colui che coniò questa parola. "Oppure una brezza della moda, un tono dell'arpa di Eolo? Si può considerarlo l'uno o l'altro. Da dove viene? Dove va? Dov'è il suo reggimento, il suo potere e la sua forza? Ha il diritto di dominare? Deve essere al nostro servizio? Può essere governato?"[1] Goethe lo definiva "lo spirito di quei signori nello spirito dei quali si rispecchiano i tempi".[2] Schopenhauer gli prescrisse una durata di trent'anni, il tempo che passa tra la data di nascita dei padri e quella dei figli. Più esattamente dovremmo dire il tempo che passava: perché oggi le generazioni generano di meno ma lo *Zeitgeist* cambia più rapidamente.

Abbiamo provato a chiedere a una famiglia tedesca, dai nonni fino ai nipoti, riunita in un giorno di festa – non è una cosa molto frequente – quale sia oggi lo spirito del tempo in Germania. Per cinquant'anni i tedeschi si sono addestrati alla democrazia. Hanno accettato le responsabilità degli orrori del passato. Per la prima volta dicono "noi tedeschi" invece di usare la circonlocuzione sui "crimini commessi in nome tedesco". I più giovani hanno integrato il passato nelle proprie biografie. Ma liberi da quel dilemma che avevano affrontato i loro padri, che si erano trovati ad amare dei genitori forse complici di crimini orrendi, possono essere più misericordiosi nei confronti dei nonni. "Di sicuro mio nonno non era tra i cattivi," ha scherzato il più giovane della famiglia. Ed è una risposta frequente della sua generazione.

La ferita del 1945 ha profondamente cambiato il carattere tedesco. I conservatori (sotto l'azione moderatrice della Cdu) hanno perso le loro ossessioni antioccidentali e il loro pathos anti-Zivilisation. La Germania per cinquant'anni ha vissuto all'ombra degli americani cercando, però, in sordina di salvaguardare gli interessi nazionali. Per esempio con la *Ostpolitik* che non era ben vista a Washington. Oggi solo la generazione di mezzo è grata agli americani di aver portato la democrazia in Germania. Ma l'adolescente della nostra famiglia, appena rientrato da una visita scolastica al Check point Charlie, ci ha risposto tipicamente: grato di che?

Con Berlino i tedeschi oggi hanno di nuovo una grande capitale. Ma solo chi abbia vissuto a lungo a Bonn si rende conto di quanto la cittadina sul Reno abbia influenzato le generazioni nate e cresciute nella "Repubblica di Bonn". John le Carré l'aveva definita "molto più piccola, ma molto più morta del cimitero di Chicago". Una capitale dove nessun genitore di Monaco o Amburgo portava i figli; non indicata sui segnali autostradali. Sull'autostrada Francoforte-Colonia si superava Siegburg senza accorgersi che quella era l'uscita per la capitale sull'altra riva del Reno. Oggi invece non c'è tedesco che non vada a visitare Berlino. Ma la generazione di Bonn, i cinquantenni di oggi, non vi si sente a suo agio. Per loro la nuova capitale non è *Abendland*, Terra d'Occidente, quell'unità culturale dei popoli europei fatta di antichità classica e di cristianesimo. Berlino è oltre il *limes*. Diversamente da Colonia, Parigi o Londra, i Romani non vi sono mai arrivati. Diversa invece è la prospettiva della generazione precedente: chi ha più di sessant'anni a Berlino capitale associa le memorie dell'infanzia ed è orgoglioso che quando era bambino fosse la metropoli mondiale di tutte le avanguardie.

Poche società hanno vissuto tante cesure come quella tedesca, di conseguenza le generazioni si definiscono in modo molto diverso. Solo sull'amore della pace e sull'adesione allo stato di diritto tutti i membri della nostra famiglia sono d'accordo. Le critiche americane al pacifismo tedesco ("siamo andati troppo in là con la rieducazione," ironizzavano i giornali americani all'inizio della guerra in Iraq) hanno suscitato in Germania turbamento. Ma come? La "Germania buona" così ingiustamente derisa! "Tranquillamente ma fermamente dobbiamo far capire agli amici americani come dopo l'Olocausto, dopo Stalingrado e dopo Dresda, noi tedeschi abbiamo oggi un profondo orrore della violenza e della guerra," risponde l'ex cancelliere Schmidt. Forse è questo lo *Zeitgeist* della Germania odierna: le ossessioni del presente sono più profonde che altrove.

## *Dresda, il museo della pace finanziato dall'esercito*

A Dresda è stato inaugurato uno dei più grandi musei militari del globo, il primo della Germania unita. Un museo unico al mondo, rivoluzionario, perché non si espongono le vittorie e gli eroi e i trofei come nel War Imperial Museum di Londra o nel Musée de l'Armée di Parigi, ma soprattutto il dolore che le guerre portano agli uomini.

Si potrebbe pensare che la sua costruzione sia stata voluta da qualche associazione pacifista; ma sbaglieremmo. Il progetto è della Bundeswehr, le Forze armate tedesche, che lo hanno affidato all'architetto star Daniel Libeskind, creatore del Museo ebraico di Berlino. I finanziamenti vengono dal ministero della Difesa (53 milioni di euro) e forse non è tanto, come dice il direttore scientifico dei lavori Gorch Pieken, perché vi è compreso il restauro dell'enorme arsenale ottocentesco schinkeliano. Ma certamente in un periodo di tagli al bilancio della Difesa ha suscitato molte critiche.

L'arsenale era stato costruito dall'armata sassone, prima di passare a quella prussiana, poi alla Wehrmacht e infine alla Nationale Volksarmee di Honecker. Ha una larga facciata con uno scalone al centro che Libeskind ha spezzato inserendovi un cuneo di vetro e cemento e lamelle di alluminio. Attraverso pareti oblique, vuoti profondi e angoli acuti il cuneo termina con una punta più alta del vecchio arsenale. Da qui lo sguardo va diritto al Ground Zero di Dresda, quello stadio che nella notte tra il 13 e il 14 febbraio del '45 servì da punto di riferimento ai bombardieri britannici che rasero al suolo la città.

# Note

## *2. La visione del mondo (Weltanschauung)*

[1] *La lingua come luogo di libertà*, Discorso in occasione del premio Eduard von der Heydt, conferito a Böll dalla città di Wuppertal il 24 gennaio 1959.

## *3. L'insozzatore del nido (Nestbeschmutzer)*

[1] Heine si riferisce al re di Prussia Friedrich Wilhelm III (1770-1840). "Ich betrachtete vielmehr mit Besorgnis diesen preussichen Adler... war ich desto aufmerksamer auf seine Krallen. Ich traute nicht diesem langen frömmelnden Kamaschenheld mit dem weiten Magen, und mit dem grossen Maule, und mit dem Korporalstock, den er erst in Weihwasser taucht, ehe er damit zuschlägt. Mir missfiel dieses philosophisch christliche Soldatentum, dieses Gemengsel von Weissbier, Lüge und Sand. Widerwärtig, tief widerwärtig war mir dieses Preussen, dieses steife, heuchlerische, scheinheilige Preussen" (Vorrede *zu Französischen Zuständen*).

## *4. Il pensatore laterale (Querdenker)*

[1] D. Weeks, J. James, *Eccentrics, A Study of Sanity and Strangeness*, Villard, 1995.

[2] F. Schirrmacher, *Eine Legende, ihr Neidhammel*, in "Frankfurter Allgemeine Zeitung", 6 novembre 1999.

[3] *"Eskapismus, ruft ihr mir zu / vorwurfsvoll. / Was denn sonst, antworte ich, / bei diesem Sauwetter! / Spanne den Regenschirm auf / und erhebe mich in die Lüfte."*

## *6. La solitudine a due (Zweisamkeit)*

[1] V.E. Pilgrim, *Du kannst mich ruhig Frau Hitler nennen*, Rowohlt Verlag, Hamburg 1994.

## *8. L'amicizia tra uomini (Männerfreundschaft)*

[1] H. Kohl, *Ich wollte Deutschlands Einheit*, a cura di K. Diekmann e R. Reuth, Propyläen, Berlin 1996.

## *10. Camminare quando l'altro cammina (Mitläufer)*

[1] *"Das Trinken und Nichttrinken, das Sitzen, Stehen, Sprechen oder Singen hing meistens nicht von ihm selbst ab. Alles ward laut kommandiert, und wenn man es richtig befolgte, lebte man mit sich und der Welt in Frieden"* (Heinrich Mann, *Der Untertan*).

[2] Le categorie in cui furono classificati i tedeschi furono cinque. Oltre ai *Mitläufer*, gli innocenti (*Entlastete*), i colpevoli principali (*Hauptschuldige*), gli attivisti (*Belastete*) e gli attivisti minori (*Minderbelastete*).

## *11. Il riposo della sera (Feierabend)*

[1] *"Denn sind wir wieder alle gleich / das Tagewerk ist aus / und dann geht alles Arm und Reich / um seinen Lohn nach Haus."*

[2] *"Tag der Arbeitsruhe und der seelischen Erhebung."*

## *12. Chi vuole avere sempre ragione (Rechthaber)*

[1] *"Besser von Vielem nichts wissen, als Alles besser wissen."*

## *13. Donne in quota (Quotenfrauen)*

[1] *"Wie unnatürlich und selbstsüchtig es ist, wenn Mädchen, die Brüder haben und obendrein unverehelichte, sich rücksichtslos verheiraten!"*

[2] *"Ich bin ein feines Mädchen / kann drehen das Rädchen / kann stricken die Maschen / und flicken die Taschen. / Kann nädeln und putzen / und fädeln und stutzen / kann singen und springen / und braten und kochen / das Fleisch und die Knochen"* (Friedrich Güll, *Lied vom feinen Mädchen*).

[3] *"Dienen lerne beizeiten das Weib nah ihrer Bestimmung! / Denn durch Dienen allein gelangt sie endlich zum Herrschen / Zu der verdienten Gewalt, die doch ihr im Hause gehört / Dienet die Schwester dem Bruder doch früh, sie dienet den Eltern / Und ihr Leben ist immer ein ewiges Gehen und Kommen / Oder ein Heben und Tragen, Bereiten und Schaffen für Andre"* (Johann Wolfgang von Goethe).

## *14. Il sentiero per gite a piedi (Wanderweg)*

[1] *"Wanderlust, seelige deutsche Wanderlust"* (Heinrich von Treitschke, storiografo della Prussia, 1834-1896).

[2] *"Nullas Germanorum populis urbes habitari satis notum est, ne pati quidem inter se iunctas sedes. Colunt discreti ac diversi, ut fons, ut campus, ut nemus placuit. Vicos locant non in nostrum morem conexis et cohærentibus ædificiis: suam quisque domum spatio circumdat, sive adversus casus ignis remedium sive inscitia ædificandi"* (Tacito, *De origine et situ Germanorum*).

[3] K. Tucholsky, *Gesammelte Werke*, Rowohlt, Hamburg 1985.

## *15. La non parola (Unwort)*

[1] *Er ging durch alte Winkelgässchen / Im schlappen Hut, in faltigem Rock / Ein kleines Bäuchlein wie ein Fässchen / Nicht jung mehr. Graün Stirngelock. / Vergass er auch sein Regendach, "Man raunte: Der vesteht sein Fach! / Ein stilles, manchmal tiefes Gewässer: Der alte Professor".*

## *16. Lo spirito del tempo (Zeitgeist)*

[1] *"Ist er ein Genius, ein Dämon? Oder ein Poltergeist, ein Wiederkommender aus alten Gräbern? Oder gar ein Lufthauch der Mode, ein Schall der Äolsharfe? Man hält ihn für Eins und das Andere. Woher kommet er? Wohin will er? Wo ist sein Regiment? Wo seine Macht und Gewalt? Muß er herrschen? Muß er dienen? Kann man ihn lenken?"* (Johann Gottfried Herder, *Briefe zur Beförderung der Humanität*).

[2] *"Was ihr den Geist der Zeiten heißt, / Das ist im Grund der Herren eigner Geist, / In dem die Zeiten sich bespiegeln"* (Goethe, *Faust*, vv. 577-579).

# *Indice*